「なるほどパワー」の法律講座

リサとなかまたち、民法に挑む

サル山共和国で考える
ルールの作り方

大村敦志

絵＝山中正大

太郎次郎社
エディタス

はじめに

　自分にとって、いちばん大事なものは何？
　自分らしさや、大切にしている何かが傷つけられたら？
　相手が親しい友だちでも、知らないおとなでも、そんなとき、キミたちはきっと怒るだろう。でも怒っているだけじゃダメだ。おたがいの大切なものを尊重しあって、それぞれに大切にしているものを育てて、みんなでいっしょに暮らしていくには、ルールが必要だ。
　でも、ルールって、いつでもあるわけじゃないし、いまあるルールも、はじめからあったわけじゃない。ないならば、作りだしていけばいいし、いまあるルールはもっとよくすることだってできる。「法律」というのは、そういうルールのなかのひとつ。だから、やり方さえわかれば、キミたちは法律だって作ることができるんだ。
　いまある法律の使い方を知ることも大事だけど、未来の法律の作り方も身につけてほしい。そのふたつがあわさって、はじめてキミたちは「ルールの扱い方」を完全にマスターしたことになる。
　この本の舞台は、サル山共和国。トーマスとリサ、そして、うさぎのヤスヒコは、なかよし3人組。3人は、ある年の夏、カエル王国からやってきた新しい友だちに出会う。この出会いを通じて、3人は、「ルールの作り方」を考えることになる。
　法律やルールを作るなんて、そんなこと、自分たちには関係ない——キミたちは、そう思っているかもしれない。でもね、実際には、いろんな場面で、キミたちは自分たちの法律を作りながら、暮らしているんだ。それってどういうこと？　その答えは、3人の物語のなかにある。さあ、これからいっしょに探しにいこう。

登場人物
（どうぶつ）

3人はサル山学園の同級生

リサ　　ヤスヒコ　　トーマス

けぐりん

バルボー

ジュリアさん
（トーマスのママ）

パクトさん

ダーツン教授

目次

はじめに ……………………………………………………… 2

第1話 夏の法律教室が始まった …………………… 7
──自分の席と自分の名前

席が変わると困らない？　名前がないと困らない？ …………… 8
ここにはボクが座る！　あだ名で呼んで、なぜ悪い！ ………… 17
「私」にとって大切なもの ………………………………………… 27

第2話 とりかえっこで、ひと騒動 ……………… 33
──交換は自由にできる？

ヤスヒコとリサが席をとりかえた ………………………………… 34
交換は自由にできる？ ……………………………………………… 43
「私」と「私」のあいだのとりきめ ……………………………… 53

【解説】パクト君への手紙① ……………………………………… 58

第3話 ボクらの図書室「けぐり文庫」 ………… 65
──約束で「しくみ」をつくる

カエル王国からのプレゼント ……………………………………… 66
貸した本が返ってこない！ ………………………………………… 75
「私」と「私」でしくみをつくる ………………………………… 84

第3話と第4話のあいだ

法律は「ひとつ」じゃない……90
――もうひとつの「法律」、
　もうひとつの「なるほどパワー」

第4話　本を借りたのはだれ？……101
――「また貸しはダメ」と言えるか、言えないか

はっきりしたルールがないときは？……102
だれが借りたかわからない！……113
「法律の解釈」と「事実の証明」……119
【解説】パクト君への手紙②……127

後日談……134

おわりに……138
おまけ「ジュリアさんからの宿題」のヒント……140

夏の法律教室が始まった

> 自分の席と自分の名前

第1話のおもな登場人物 ▶

トーマス

ヤスヒコ

リサ

けぐりん

パクトさん

ジュリアさん

席が変わると困らない？
名前がないと困らない？

> **席は自由です。番号がついています**

　秋のある日、サル山共和国のなかよし3人組、ヤスヒコ、トーマス、リサのところに1通の手紙が届きました。

　手紙をくれたのは、カエル王国のけぐり王子。今年の夏休みに開かれた「夏の法律教室」で出会った友だちです。3人は王子のことを「けぐりん」と呼んでいました。手紙には、3人とけぐりんがいっしょに過ごした夏のゆかいなできごとが書かれていました。そうそう、そんなこともあったっけ。3人は手紙を読みながら、この夏のことを思い出しました。

　「夏の法律教室」には、サル山学園だけでなく、国中のあちこちの学校から小学生が集まってきました。そこには、けぐりんのように外国から来た人もまじっていました。そんなこともあって、この「教室」のようすは、サル山学園の「教室」とはちょっと違っていました。

　最初の日のできごとです。

ヤスヒコ：リサ、おはよう。やあ、トーマス、キミも来たんだ。
リサ：トーマスが、夏休みに勉強なんて、おかしいでしょ。
トーマス：なんだよ、オレが来ちゃ、悪いかよ。
ヤスヒコ：悪くはないさ。ボクたち3人とも、法律っておもしろいって思いはじめているんだなあ、と思っただけ。
トーマス：ああ、夏休みまえには、いろんなことがあったからな。
リサ：それに、この教室では、いままでとちょっと違うことも勉強するみたいだし。

ヤスヒコ：それから、ここには、ほかの学校の人たちも来るって聞いたよ。友だちが増えそうだね。

　3人は、いっしょに教室に入っていきました。

ヤスヒコ：あれ、だれもいないね。

トーマス：ちょっと、来るのが早すぎちゃったかな。

リサ：え〜っと……。どこに座ればいいのかしら。

ヤスヒコ：そこの壁に、何か書いた紙がはってあるよ。

リサ：何かしら？

トーマス：どれどれ、オレが読んでやるよ。

　はり紙には、こんなふうに書かれていました。

みなさん、いらっしゃい。これから「夏の法律教室」が始まります。席は自由です。好きなところに座ってください。どの席にも番号がついています。自分が座った席の番号をおぼえておいてください。

ヤスヒコ：どこに座ってもいいんだね。

リサ：じゃあ、みんないっしょに座ろうか。

ヤスヒコ：悪いけど、ボクは黒板の字が見やすい、前のほうに座るよ。

トーマス：オレは、いちばん前なんてまっぴらごめん、後ろがいい。

ヤスヒコ：じゃ、好きなところに座ることにしようよ。

リサ：そうね。そしたら、新しい友だちもできるかも。

名前じゃなくて番号で呼びます

　しばらくすると、ほかの子どもたちも集まりはじめ、はり紙を見て、それぞれに席に座ります。そして、先生がやってきました。

パクト：やあ、みなさん、おはようございます。暑いなかを「夏の法律教室」に集まってくれて、ありがとう。私は、これから3日間、みなさんといっしょに法律の勉強をするパクトです。大学で法律を教えていますが、友だちのジュリア弁護士にたのまれて、この教室で授業をすることになりました。どうぞよろしく。

全員：よろしくお願いしま～す。

パクト：始めるまえに、この教室でのルールをふたつ、みなさんにお話ししておきます。ひとつめは、席についてですが、とくに決まっていません。みなさん、好きなところに座ってください。

トーマス：紙に書いてあったから、知っていま～す。

パクト：そうですね。紙に書いておきました。じゃあ、みんな、このルールについてはわかったね。

トーマス：オレはわかったよ。紙に書いてあるとおりだろ。

リサ：先生、質問があります。

パクト：なにかな。

リサ：明日も、明後日も、同じ席に座るんですか？　それとも毎日、違う席に座ってもいいんですか？

パクト：なるほど、そうだね。で、キミは……そうだ、その話をするまえに、ふたつめのルールを説明しておいたほうがいいね。ふたつめのルールですが、これから、みなさんのことは、机に書いてある番号で呼びます。だから、いま質問したキミは……え～と、「3番」だね。

　みんなは、「じゃ、オレは6番？」「アタシは21番かあ」「あ、オレ10番、気に入ったぜ」などと話しています。

パクト：そうですね。この教室には机が30ありますから、番号は1番から30番まであります。

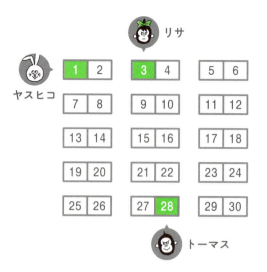

リサ：それで、先生、さっきの質問ですが……。

パクト：そうでした。3番さんの質問がありました。毎日同じ席か、それとも違う席か、みなさんはどっちがいいですか？

ヤスヒコ：え、決まっていないんですか？

パクト：そこまでは考えていませんでした。どっちでもいいです。

トーマス：よし、じゃ、多数決で決めようぜ。

パクト：まあ、そんなに急ぐこともないでしょう。今日の席は決まっているわけだから。

ヤスヒコ：でも、明日、座るところが決まってないと、困りませんか。

パクト：そうですかね。みなさんの席がどこでも先生はかまいませんから、適当に座ればいいと思いますよ。

リサ：先生が決めてくれないんですか？

パクト：ええ。

リサ：それで、多数決もしない……？

パクト：ええ、3番さんの言うとおり。

ヤスヒコ：先生、質問があります。

パクト：1番クン、なんですか。

ヤスヒコ：もし、明日、ボクが3番の席に座ったら、ボクは「3番」って呼ばれるんですか？

パクト：それはそうですね。キミは明日は3番クンになります。それじゃ、席と呼び方のルールはこれぐらいにして、授業に入ります。

番号で呼ばれるのはイヤ？

「夏の法律教室」の1日目が終わり、トーマス、リサ、ヤスヒコの3人は、いっしょに家に向かっています。

トーマス：1日目が終わったな。まあまあ、楽しかったぜ。

ヤスヒコ：授業はおもしろかったけど……。

トーマス：なんだよ、ヤスヒコ、元気がないじゃないか。
ヤスヒコ：だって、1番クンとか3番さんなんて、なんだか……。
リサ：ヤスヒコもそう思った？　アタシもちょっとやな感じがしたわ。
トーマス：え、オレ、28番だけど、この番号気に入ったぜ。リサは何番だっけ。
リサ：アタシは3番だけど。
トーマス：ヤスヒコは1番だろう？　いい番号じゃん。
ヤスヒコ：1番がいいとか悪いとか、っていうんじゃなくてさ。
リサ：アタシも「3」という番号はきらいじゃないわ。でも、先生から何度も「3番さん」って呼ばれるのは、いい感じがしない。
トーマス：なんでえ。オレ、いい感じも悪い感じもしないけど。
リサ：だって、アタシたちには名前があるでしょ。アタシはリサで、あんたはトーマス。
トーマス：なれりゃ、平気だよ。あのクラスでは、オレは28番で、リサは3番。それがリサの名前。
ヤスヒコ：でもさ、明日、ボクが3番の席に座ったら、今度はボクが3番だよ。
トーマス：そうか、明日はヤスヒコが3番か。それはちょっとめんどうかもな。
リサ：でしょ？　名前が毎日変わったら困るでしょ？
トーマス：オレは28番の席が気に入ってるから、明日も28番に座るよ。それなら呼び名も変わらないし。
リサ：それでも、番号で呼ばれるのってイヤだな、アタシは。
ヤスヒコ：そうだよ、トーマスだって、これからずっと28番だったらイヤだろう？
トーマス：オレはかまわないよ、ぜんぜんオッケー。

明日も同じ席に座れるか

　家に帰ったトーマスは、お母さんのジュリアさんといっしょに夕食を食べています。ジュリアさんは弁護士をしています。

ジュリア：トーマス、今日から「夏の法律教室」よね。どうだった？
トーマス：パクト先生っていう大学の先生が来たんだけどさ、あの先生、ママの友だち？
ジュリア：そうよ、パクトさんは大学の同級生。だから「夏の法律教室」の先生をたのんだのよ。授業はおもしろかった？
トーマス：オレはね。
ジュリア：オレはね、って、どういうこと？
トーマス：リサやヤスヒコは、ごちゃごちゃ文句言ってるってこと。
ジュリア：何かあったの？
トーマス：教室の席に番号が付いててさ、どこに座ってもいいんだけど、先生はオレたちのことをその番号で呼ぶんだ。オレは28番。
ジュリア：ふ〜ん。それで？
トーマス：リサたちは、それが感じ悪いって言うんだ。
ジュリア：番号で呼ばれるのがイヤってこと？

トーマス：まあ、そうらしいんだ。番号が変わるのも困るってさ。
ジュリア：その番号は変わるの？
トーマス：席は決まってないから、明日、違う席に座れば、違う番号になるんだよ。でも、オレはずっと28番だよ。28番の席が気に入ってるんだ。
ジュリア：でも、トーマス、明日も28番の席に座れるかどうかはわからないじゃない。だれかがあなたよりも先に来て、そこに座ってしまったら、あなた、どうするの？
トーマス：「おい、おまえ、そこ、オレの席だからどけよ」って言うさ。
ジュリア：でも、席は自由なんでしょ。
トーマス：そうだけどさ、28番はオレの席だよ、オレが先に座ったんだからさ。
ジュリア：でも、明日は、別の子が先に座るかもしれないわよ。
トーマス：そうかあ。どうしようかなあ。ほかの席でもいいかな。いや、やっぱり28番がいいかなあ……。
ジュリア：まあ、よく考えてみることね。

ここにはボクが座る！
あだ名で呼んで、なぜ悪い！

荷物を置けば、自分の席になる？

「夏の法律教室」の2日目になりました。
　トーマスはひと晩考えて、昨日よりもさらに早く家を出発しました。今日はトーマスが一番乗り、少し遅れてリサとヤスヒコがやってきました。だんだんと子どもたちが集まってきます。あと10分ぐらいで授業が始まりますが、席に荷物を置いた3人は、集まって話をしています。

リサ：3人とも同じ席に座れて、よかったわね。
ヤスヒコ：何人かは、席が変わっている人もいるけど。
トーマス：ほかのヤツはいいさ。オレは28番に座れたから満足だぜ。
リサ：でも、明日も早起きはいやだなあ。
ヤスヒコ：そうだよね。今日はよかったけど、明日はどうかわからない。
トーマス：そうかな、2日続けて座れば、みんな、そこはオレの席だってわかるだろう？

　教室にそのとき、昨日は見かけなかったカエルが入ってきました。そのカエルは、いちばん前の左側、1番の席に座りました。ヤスヒコがあわててかけよります。

ヤスヒコ：そこはボクの席なんだけど。
けぐりん：なんだ、おまえ。失礼なヤツだな。ここには、このボクが座

る。ミミナガはボクのとなりに座れ。

ヤスヒコ：いやだよ。せっかく早く来て、ここに座ったんだ。

けぐりん：おまえはこの席に座ってなかった。だからこのボクが座った。文句があるか。ボクのとなりの席には、いまだれもいない。だから、ミミナガが座っていいぞ。

ヤスヒコ：ミミナガって、ボクのこと？

けぐりん：そうだ、おまえのほかにだれがいる。

ヤスヒコ：ボクの名前はヤスヒコだよ。このクラスでは1番の席に座っているから、「1番」って呼ばれているけど。

けぐりん：そうか。なら、今日から1番はこのボクだ。よく覚えておけ。

リサ：明日も1番の席に座れるかどうかは、わからないじゃない。

けぐりん：けっ。おまえはサルか。だから、考えが足らない。ボクは明日もここに座る。

トーマス：おい、おまえ、その席にはヤスヒコの荷物が置いてあるだろ。見えないのか。

けぐりん：またサルか。荷物が置いてあるから、どうしたって言うんだ？

トーマス：荷物があれば、そこにだれかが座ってるってわかるだろ？

けぐりん：わからないね。だって、だれも座っていないじゃないか。

リサ：荷物が置いてあれば、そこは荷物を置いた人の席よ。そんなこと

もわからないの？

けぐりん：そんなこと、だれが決めた。

ヤスヒコ：決めてはいないけど……。

トーマス：決めてなくても、荷物があればそいつの場所だ。そんなことはみんな知っている。

リサ：そうよ。当然でしょ。

けぐりん：当然じゃないね。そんなこと、このボクは知らない。このクラスは、席は自由だ。ボクはそう聞いている。まあ、自由はそれほど好きじゃないけどね。

　そこに、パクト先生が入ってきました。カエルは動きそうもありません。ヤスヒコはしかたなく、カエルのとなりの2番の席に座りました。

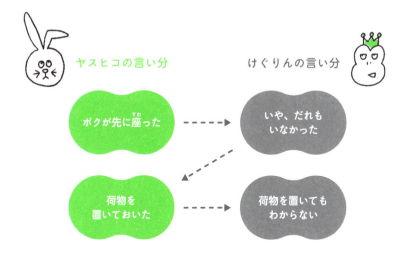

名札をはれば、自分の席になる？

　午前中の授業が終わって、昼休みのことです。
　カエルが教室から出ていったので、ヤスヒコは1番の席に座りました。

しばらくして、カエルが帰ってきました。

けぐりん：おい、ミミナガ、そこはこのボクの席だ、どけ。
ヤスヒコ：いやだよ。ここにはいま、ボクが座っている。キミはいなかったじゃないか。
けぐりん：やっぱりバカだな、おまえ。机の上をよく見ろ。「けぐりんの席」と書いた紙がはってあるだろ。
トーマス：バカはおまえだ。そんな紙、意味ないだろう。だいたい、「けぐりん」ってなんだよ？
けぐりん：「けぐりん」はボクのニックネームだ。カエル王国の国民は王子のボクのことを、みんな「けぐりん」と呼んでいる。この紙は、この席が「けぐりん」の席、つまりボクの席だということを示している。それにミミナガ、おまえ、別の場所に行け。ボクはとなりにおまえがいると、その長い耳が気になってしかたがない。ボクの見えないところに座れ。
ヤスヒコ：勝手なことを言うなよ。
リサ：そうよ、1番はもともとヤスヒコの席よ。それに、2番は空いているんだから、だれが座ってもいいでしょ。
けぐりん：よく見ろ。2番にも「けぐりんの席」という紙がはってあるだろ。
リサ：そんな。席はひとりひとつでしょ。
けぐりん：そんなことは決まっていない。
ヤスヒコ：決まってなくても、席はひとつだろ。そんなの常識だよ。

ミミナガって呼ばないで

この言い争いを聞きつけて、ほかのサルたちが集まってきました。「なんだ、なんだ」「そのカエル、だれだ？」と口ぐちに言っています。

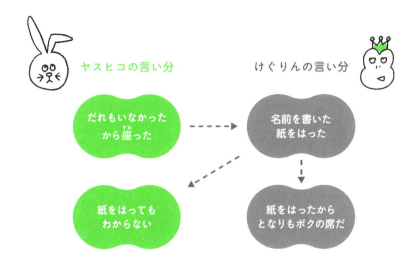

けぐりん：おまえたち、人に名前をたずねるときには、自分から名乗るものだ。まあ、いい。ボクはカエル王国のけぐり王子だ。サルたち、下がれ。

トーマス：なんだと。

けぐりん：1番も2番もボクの席だ。近づくな。

リサ：どうして、近づいちゃいけないのよ。

けぐりん：暑苦しいからだ。ミミナガ、とくにおまえは見ているだけで、暑苦しいぞ。

ヤスヒコ：ボクのことを「ミミナガ」って呼ぶのは、やめてくれ。ボクの名前は「ヤスヒコ」だよ。

リサ：そうよ。本当の名前を呼ばないで、勝手に「ミミナガ」なんて失礼よ。

けぐりん：あだ名というものは、他人が勝手につけるものに決まっている。王子のボクだって、国民が「けぐりん」と呼ぶのを止めることはできない。おまえたちだって、「パクト先生」と呼んでいたろう。あれだってニックネームだ。

トーマス：先生は、自分で「パクト」って言ったんだ。おまえが勝手に

「ミミナガ」って言うのとは違う。

けぐりん：名前なんか、だれがどうやってつけてもいいんだ。だいたい、おまえたちも、2番とか3番とか呼ばれているだろう。

ヤスヒコ：それはそうだけど……。

リサ：だから、アタシは番号で呼ばれるのはイヤなの。ちゃんと「リサ」と呼んでほしい。

トーマス：おまえな、人のいやがることはやめろって、親から教わらなかったのか？

けぐりん：おまえたち本当にものを知らないな。カエルには親はいない。

トーマス：親がいてもいなくても、ヤスヒコがイヤだと言ってるんだから、とにかくやめろよ。

けぐりん：サルの国では、あだ名をつける自由もないのか？　へんな国だな。

リサ：ともかく、ヤスヒコの席に勝手に座ったり、ヤスヒコがいやがるあだ名をつけるのはやめなさいよ。

「そうだ、そうだ」「常識のないヤツとはつきあえないや」とまわりの子どもたちも言いはじめ、ちょっと険悪なムードになってきました。
　そのとき、パクト先生が教室に入ってきました。午後の授業が始まる時間です。

あだ名で呼んで、なぜ悪い？

パクト：どうした、みんな。大騒ぎをして。
リサ：先生、けぐりんがヤスヒコの――
パクト：話を聞くから、ともかく席に座って。
トーマス：だから、先生、どの席に座るかでもめてるんだよ。
パクト：わかった。じゃあ、とりあえず、けぐり君が1番。ヤスヒコ君、キミは2番の席に座ってください。

　それを聞いたリサが、びっくりした顔で言います。

リサ：先生、アタシたちの名前、知ってるんですか？
パクト：もちろんだよ。
ヤスヒコ：じゃあ、なんで番号で呼んでいるんですか？
パクト：それはね、キミたちが、名前でなく番号で呼ばれたら、どんな気がするか、知りたくてね。
リサ：ひど～い。アタシ、番号で呼ばれるの、最初からイヤだったのに。
パクト：ごめん、ごめん。でも、これから始める午後の授業で「自分の名前」の話をするんで、みんなに名前のことを考えてほしかったんだ。
ヤスヒコ：毎日席が変わるのも、もしかして、授業のためとか？
パクト：あたり。これから「自分の物」という話もする。まあ、席や机はキミたちのものじゃないけど、キミたちが使っている「場所」や「物」だよね。

けぐりん：パクト先生、このボクには、「自分の名前」とか「自分の物」って、法律と関係あるとは思えませんが。

パクト：本当にそうかな、けぐり君。

けぐりん：そもそも、このクラスでは席は自由なはずですね。どこに座ってもいい。だから、「自分の席」なんてない。

リサ：でも、けぐりんは、名前を書いた紙をはって、自分の席だと言いはったじゃない。

けぐりん：ボクの国ではそうだ。だが、法律にそう書いてあるわけじゃない。

トーマス：でも、先生、サル山共和国には、他人にあだ名をつけてはいけない、という法律がきっとあるよね。

ヤスヒコ：少なくとも、ボクたちはみんな、ヘンなあだ名で呼ばれたくないと思っています。

けぐりん：このボクはそう思っていない。それに、「ミミナガ」はヘンなあだ名じゃない。おまえのことだってわかる、いいあだ名だ。

ヤスヒコ：でも、ボクを「ミミナガ」と呼ぶのはやめてほしい。ちゃん

と「ヤスヒコ」と呼んでほしい。それに、ボクの席に勝手に座らないでくれよ。

けぐりん：キミたちの国では、「ミミナガ」って呼ぶだけで、犯罪になるのか？

リサ：犯罪になるかどうかの問題じゃないわ。人の気持ちを傷つけたりしてはいけないってことよ。

トーマスが、もう一度聞きます。

トーマス：だからさ、サル山共和国には、あだ名はダメ、という法律があるんだよね？

けぐりん：「ミミナガ」というあだ名は、いいあだ名だと思ったんだが。まあ、本人がイヤだというならば、やめておこう。他国との友好も王子のつとめだ。でも、これは法律の問題じゃないような気がする。パクト先生、どうなんですか？

先生はみんなの顔を見まわすと、こう言いました。

パクト：まだなんの説明もしていないのに、みんな、いい疑問が出せた

ね。それじゃ、このあとは、グループに分かれて考えてみることにしよう。でも、問題はいくつかあるんで、少しだけ整理しておこう。

ひとつめは、「人のものをとってはいけない」とか、「人の気持ちを傷つけてはいけない」というルールがあるかどうか、ということ。ヤスヒコ君の「席」や「場所」だって「ヤスヒコ君のもの」だといえるね。それから、「ミミナガ」なんて呼ばれたら、「ヤスヒコ君の気持ち」は傷つくよね。

ふたつめは、そういうルールがあるとして、それはどんな性質のルールなのかということ。「どんな性質か」というのは、ちょっと難しいけれども、法律に書いてあるかどうか、それはどこの国でも同じかどうか。それから、ルール違反をするとどうなるか。

大きく分けて、いま言ったふたつのことを考えてみるといいね。

\ 考えてみよう /

① ルールはあるかな？

「人のものをとってはいけない」というルール
⇒ ある？／ない？

「人の気持ちを傷つけてはいけない」というルール
⇒ ある？／ない？

② ルールがあるとしたら

- そのルールは法律に書いてある？
- そのルールはどこの国でも同じ？
- ルール違反をしたらどうなる？

「私」にとって大切なもの

> 民法は、個人と個人の基本的な関係を決めるルール

「夏の法律教室」の2日目が終わったあとのことです。
　パクト先生は家に帰るまえに、ジュリア弁護士の事務所にやってきました。ふたりは大学の同級生ですが、会うのは久しぶりでした。

パクト：やあ、ジュリアさん、お久しぶり。今日の仕事はもう終わり？ちょっといいですか。
ジュリア：あら、パクトさん、本当に久しぶり。「夏の法律教室」、おつかれさまです。無理を言ってたのんでごめんなさいね。でも、なかなかおもしろそうな授業をしているみたいね。
パクト：ボクがどんな授業をしているか、だれかから聞いたの？

ジュリア：トーマスがね、話してくれたの。トーマスってわかるかしら、私の息子なの。

パクト：ああ、あの子かな。ぜったい、28番がいいって言ってた。

ジュリア：そう、28番のあの子が、トーマス。でも、「名前のかわりに番号で呼ぶ」、それに「席は毎日自由に決める」だっけ？ トーマスが家に帰ってきて、いろいろ話してくれたわ。あのルールをもとにして、民法の話を始めたんですって？ へえって、感心したわ。

パクト：感心してもらうほどのことでもないんだけどね。ただ、もしかすると子どもたちには、民法って、とっきつきにくいところがあるかもしれないと思って。

ジュリア：法律の専門家にとって、民法はいつも使っているいちばん大事な法律よね。

パクト：でも、民法は条文もたくさんあって、内容もこまごましたところがあるでしょ。だから、いちばん大事なところをしっかりわかってほしいって思ったんですよ。「個人と個人の基本的な関係を決めるルール」、それが民法だっていうことを。

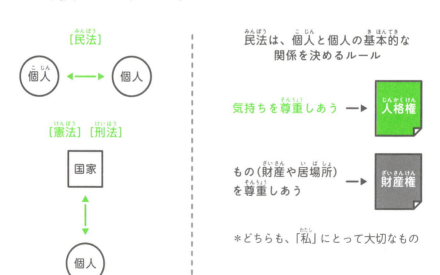

ジュリア：なるほどね。それで、まず「人格」と「財産」なのね。トーマスから聞いたんだけど、「名前がないと、困るか、困らないか？」「席が決まっていないと、困るか、困らないか？」って話から始めたのよね。子どもたちの反応はどうだったの？　まず、名前のほうは？

パクト：自分の名前をちゃんと呼んでほしい、という子が多かったかな。でも、番号でもかまわないとか、あだ名を呼ばれてもいいという子もいた。おもしろかったのは、ほかの人と区別するだけなら番号でいいけど、名前って、その人の個性みたいなものと結びついている、だから、ちゃんと呼んでほしいって言った子で……。

ジュリア：きっとリサちゃんね、それは。名前をきちんと呼ばれるのは、「人格」を大切にするってこと。そう感じているのね。名前に対するおたがいの気持ちを大切にしあうところから、「人格権」が出てくる。そうすると、席のほうは、おたがいの「財産」を大切にしあうって話ね。

パクト：席の話から「財産権」のことを考えるのはちょっと難しかったかな。「夏の法律教室」は3日間かぎりだから、そこでの「席」って、それほど大事なものじゃないし。でも自分の「居場所」って言いかえると、なるほどと思ってくれた子もいたみたいだけれど。

ジュリア：言われてみると、「財産」よりも「人格」のほうが、子どもたちにはピンとくるかもね。

パクト：席については、決まっていないと、ケンカやトラブルの原因になるという意見もあってね。「財産」のほうは、自分らしさということよりも、おたがいの持ち物を認めあって争いをなくし、平和に暮らすってことが大事。そう感じている子が多かったかな。

ジュリア：それも大事なことね。おたがいに認めあって、そのことを確認しあうというのが、民法の始まりよね。

パクト：「民法ではこう決まっているから、こうなる」と言うんじゃなくて、「私たちはこうしたいと思う、だから、こんなルールが必要になる」。そんなふうに考えてほしいと思ったものだから。

「交換」のルールは法律か

話が一段落したところで、ジュリアさんはコーヒーをいれるために席を立ちました。おいしそうなクッキーとともにもどってきたジュリアさ

んは、コーヒーカップをパクト先生の前に置きながら、言いました。

ジュリア：ところで、パクトさん、わざわざ寄ってくれたのは、何か用があったんじゃないの？

パクト：あっ、そうでした。相談があって来たんでした。じつは、明日の授業、ちょっと手伝ってもらえないかなと思って。

ジュリア：あら、何を手伝えばいいの？

パクト：さっきの話とも関係するんだけど、子どもたちは、「名前や席の話は、法律とは関係ない」って感じるみたいなんだ。たとえば、今回の「夏の法律教室」には、カエル王国の王子が来ているよね。あの王子はそう言うんだ。「名前や席に関するルールは、法律に書いてあるわけじゃない」って。ほかの子たちは、「これはマナーとか常識の問題じゃないか」って言うし。反対に、トーマス君は、「法律に書いているはずだ」って、しきりに言ってた。

ジュリア：法律と道徳やマナーの区別は、たしかに難しいわね。

パクト：そうなんですよ。ボクの授業では、「民法」という法律そのものが出てこないんで、なおさら難しいみたいで。

ジュリア：なるほどね。刑法ならば、まず法律がなければ処罰はできないし、法律の内容は明確じゃなければならない。それに対して、民法だと、法律に書いてなくてもルールがあるってこと、あるわね。

パクト：もうひとことつけたすと、民法のルールを破ったら、どうなるのかという問題もある。刑法なら、刑罰が科されるわけだけど。

ジュリア：民法だって、たとえば損害賠償は請求されるわよね？

パクト：たしかに、理屈のうえでは、損害賠償の請求はできる。でも、実際にはいつも裁判が起こされるわけじゃないよね。

ジュリア：以前にトーマスやリサちゃんたちに、「法律の国の地図」というのを書いて見せたことがあるんだけど、この地図を使って、「法律の国」のなかで「道徳の国」に接しているのは「刑法」で、「民法」は

「経済の国」に接しているって説明したのよ。でも、考えてみると、「道徳の国」に接しているのは「民法」だともいえるわね。

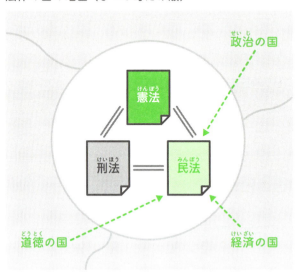

法律の国の地図（3つの町だけ版）

パクト：なるほどね。もっとも、「民法」が「経済の国」に接しているのは確かだよね。じつは、明日はその話をしようと思っているんだ。

ジュリア：そうそう、明日の話をしていたのよね。何を手伝えばいいの？

パクト：明日は、「自分の物をおたがいに交換する」という話をしようと思うんです。だから、「経済の国」の話も出てくるんだけど、「政治の国」の話も出てきちゃう。子どもたちにわかるかどうか心配なんだ。それで、ジュリアさんの助けがほしいと思って。午後の最後の授業に来てくれないかな？

ジュリア：およばずながら、お手伝いするわ。

パクト：よかったあ。よろしくお願いします。じゃあ、明日また。

とりかえっこで、ひと騒動

交換は自由にできる？

第2話のおもな登場人物 ▶
トーマス　ヤスヒコ　リサ　けぐりん　パクトさん　ジュリアさん　ダーツン教授

ヤスヒコとリサが席をとりかえた

だれか席を替わってくれない？

「夏の法律教室」も、いよいよ３日目です。
　昨日の午後の授業のなかで、みんなは相談して、つぎのように決めました。

- 席は自由に座る。だけど、その日１日、座った席はその人のもの。
- 座った席には、荷物や名札を置いて、みんなにわかるようにする。
- 他人の席に座ってはいけない。

- 名前は、本当の名前を呼びあう。
- 授業中、発言するまえには、自分の名前を言って、みんなにわかるようにする。
- 本人がいやがるあだ名では呼ばない。

これで、席や名前でケンカになることはない。みんなそう思いました。ところが、そうはいきませんでした。昼休みのことです。

リサ：ヤスヒコ、ちょっと元気がないみたいだけど。どうしたの？
ヤスヒコ：う〜ん、ボクねえ、ずっと前のほうに座っていたんだけど、今日はいちばん後ろに座ってみたんだ。
リサ：あら、いいじゃない。ちょっと気分が変わって。
ヤスヒコ：そうなんだけど……。
リサ：あっ、後ろのほうはトーマスがうるさくて、パクト先生の声が聞こえないとか？
トーマス：バカ言うな、オレはおとなしくしているぞ。授業中はな。
ヤスヒコ：トーマスのせいじゃないんだ。
トーマス：決まってるだろ、そんなこと。それに今日、オレは28番はやめて、前のほうに座ってるんだぞ。そもそも、パクト先生、声がでかいだろ。あれなら、教室の外にいたって聞こえるよ。
リサ：そういえばそうね。じゃあ、ヤスヒコ、何が問題なの？
ヤスヒコ：なんだか、黒板の字が見えにくいんだ。
トーマス：パクト先生、字もけっこう大きく書いてるぞ。おまえ、近眼だよ、それ。親に話して、めがね買ってもらえ。
リサ：トーマスの言うとおりかもね。そうしたほうがいいわ。
トーマス：お、リサ。オレの言うことに賛成？　めずらしいね。
リサ：でも、今日が最終日なのに、黒板の字が見えないのは困るわね。
ヤスヒコ：そうなんだよねえ。どうしようかな。だれか、席を替わってくれないかな。

　ヤスヒコは、困ったような顔で、トーマスとリサを交互に見ています。
トーマス：オレ？　オレはイヤだよ。今日はせっかく前のほうに座ったんだから、1日、同じ席に座っていたい。今日1日は、オレの席だろ。

リサ：あんた、友だちなのに、よくそんなこと言えるわね。
トーマス：それなら、リサ、おまえが替わってやればいいだろ。
ヤスヒコ：リサ、ボクと席を替わってくれる？
リサ：う〜ん。アタシも、いまの席は気に入ってんだけど……。
トーマス：ほ〜ら、おまえだって同じじゃん。人のことは言えないだろ。
リサ：いいわ、アタシが替わってあげるよ。席が替われば、新しい友だちもできるかもしれないし。
トーマス：ヤスヒコ、オレに感謝しろ。リサにたのんでやったんだから。
リサ：なに言ってるの、トーマス。まったく調子がいいんだから。
トーマス：まあ、いいじゃん。話はまとまったんだからさ。

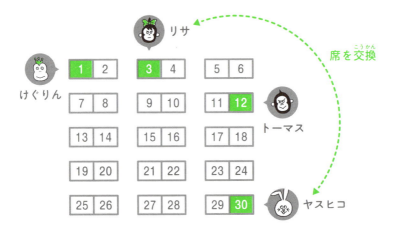

勝手にとりかえてもいいのか？

　こうして3日目の午後、ヤスヒコは、リサと席を交換してもらうことになりました。もうすぐ午後の授業が始まります。ヤスヒコはリサの席に座りました。そこにけぐりんがやってきました。

けぐりん：おい、おまえ、なんだっけ、おまえの名前は？

ヤスヒコ：ボクはヤスヒコだよ。

けぐりん：そうだった、そのヤスヒコ、そこ、おまえの席じゃないだろ。席は自由だが、その日1日は変わらない。それがこの教室のルールだ。おまえ、もう忘れたのか？

ヤスヒコ：忘れちゃいないよ。

けぐりん：だったら、勝手に他人の席をとったらいかんだろ。「悪いことをしたら、素直にあやまれ」。サルの国では、親がそう教えるらしいではないか。

ヤスヒコ：ボクは悪いことはしていないよ。リサの席をとったわけじゃない。

けぐりん：だったら、なぜ、おまえはそこにいる？　もしかして、自分の席がどこか、忘れたのか？

　ヤスヒコとけぐりんがもめているようすを見て、トーマスとリサがやってきました。

リサ：どうしたの、ヤスヒコ？

トーマス：ちびガエル、じゃなかった、けぐりんと、またケンカか？

けぐりん：ケンカではない。こいつが、そっちのちびザル、じゃなかった、リサの席をとろうとしていた。このボクの目の前で、そのような不正を許すわけにいかない。だから、注意してやったというわけだ。もっとも、こいつは、ボクのそばに座りたかったのかもしれない。その気持ちはわかる。しかし、それとこれとは別だ。

リサ：アタシ、席をとられたわけじゃないわ。

けぐりん：なんだと。では、どうしてこいつがここに座っているんだ。ここはおまえの席じゃないのか。

トーマス：そこは、午前中はリサの席だった。でも、午後はヤスヒコの席になったんだ。

けぐりん：でかザル、じゃなかった、トーマスだったっけ、おまえは。え、トーマス、おまえ、ルールを忘れたわけじゃないだろうな。おまえたちのほうだぞ、荷物が置いてあれば、それで自分の席だと言いはったのは。カエル王国では、そんないいかげんなやり方はせず、きちんと名札を置く。まあ、その国にはその国のルールがあるから、それはそれでよい。ともかく、この教室のルールに従えば、ここはリサの席だ。

リサ：けぐりんの言うとおりだけど、あのね、ヤスヒコとアタシは席を交換することにしたのよ。

けぐりん：交換？　なんだ、それは？

トーマス：「とりかえる」ってことだ。ヤスヒコとリサは席が替わったんだ。もしかして、カエルの国には「交換」ってことばがないのか？

けぐりん：おまえは本当に考えが足らんな。交換ということばの意味を聞いたんじゃない。「おまえたちは、席を勝手に交換するのか？」と聞いたんだ。

トーマス：勝手にじゃない。オレは交換はイヤだった。だからことわった。でも、リサは交換してもいいって言ったんだ。

けぐりん：このボクは、それを「勝手に」と言ったんだ。席は自由だ。しかし、いったん座った席は、その日1日はその人のものだ。それを、ヤスヒコとリサが勝手に替えていいのか？

トーマス：なぜ、いけないんだよ？　ふたりがいいと言ってるんだから、おまえが口出しすることじゃないよ。

リサ：それはそうよ、けぐりん。アタシ、最初はどうしようかなって思ったけど、まあ、替わってあげるのもいいかな、と思ったの。だから、ヤスヒコが勝手に席を替えたわけじゃないわ。

けぐりん：ふうむ。おまえたちはそんなことを許すのか。国が違えばルールも違うなあ。

カエル王国のルール

午後の授業が始まりました。パクト先生が教室に入ってきます。

パクト：やあ、みんな。暑いけど、もう少しがんばろう。あれ、ヤスヒコ君、席が替わったのかな？

ヤスヒコ：黒板が見えにくいんで、リサに席を替えてもらいました。

パクト：そこなら見えるかい？

ヤスヒコ：はい、見えます。

パクト：そう、それはよかった。じゃあ、授業を始めましょう。

けぐりん：先生、ひとつ質問をしてもいいですか？

パクト：なんですか、けぐり君。

けぐりん：このボクは、「夏の法律教室」に参加して、国が違えば、ルールも同じとはかぎらない、ということがわかるようになりました。昨日、みんなで相談して、この教室のルールをはっきりさせたのも、とてもよかったと思います。でも、今日になって、ヤスヒコとリサは、自分たちだけで相談して、席を替えています。これは許されないと、このボクは思う。ところが、ヤスヒコやリサは、それでかまわないと言っている。そして、先生も「それはよかった」なんて言って、ふたりを許している。どうも、そこのところが、納得がいきません。この国では、席

を勝手に交換してもかまわないんですか?
パクト：なるほど。いい質問が出たので、午後は、いまのけぐり君の質問について、みんなで考えてみましょう。
トーマス：パクト先生、それも法律の勉強なの?
リサ：先生、アタシも同じ質問です。昨日の話も、なんだか法律の話じゃないような気がして。
パクト：そうですか。でも、これも法律の話です。それじゃ、こうしましょう。午後の1時間目には、けぐり君の質問について考えることにして、そのあとの2時間目に、トーマス君とリサさんの質問について考える。ね、これでいいですね。
みんな：いいで〜す。
パクト：それじゃ、まず、けぐり君に、「席を交換するのはおかしい」と思う理由を説明してもらおうかな。
けぐりん：それには、カエル王国のことを説明する必要があります。少し時間がかかりますが、いいですか?
トーマス：カエル王国の話、いいじゃん。行ったことないし。
ヤスヒコ：ボクも聞いてみたいな。
けぐりん：おまえたち、カエル王国に興味をもつとは、なかなかいいセンスをしてるな。ちょっと見直したぞ。

けぐりんは、立ち上がってみんなのほうを向くと、こう言いました。

けぐりん：カエル王国の真ん中には「カエルの池」があります。この池はみんなのもので、だれのものということはありません。そして、池の上にはたくさんのハスの葉があって、カエルはそこに住んでいます。どのハスの葉に、どのカエルが住むかは決まっていて、住む場所を変えることは、ふつうはありません。でも、どうしてもほかのハスの葉に移る必要があるときには、国王が交換を許可します。カエルどうしで勝手に交換はできません。

リサ：なんでなの？　ハスの葉が自分のものなら、交換してもいいと思うけど。

けぐりん：そこが、おまえたちと違うところなんだ。

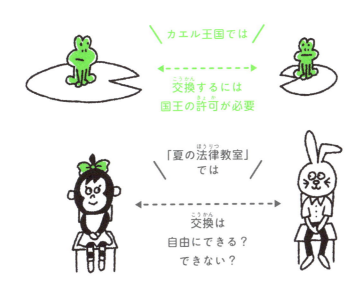

パクト：なるほど、なるほど。じゃあ、みんな、グループに分かれて、自分の席をだれかの席と交換していいかどうか、けぐり君の話も参考にして考えてみよう。

席は自由に交換していいか、ダメか その理由は?

夏の法律教室の子どもたちの意見

自由に交換していい

なぜなら……
- おたがいが納得しているから
- おたがいにとっていいことだから
- 自分のものなんだから、自分で決められる
- 先生がいいと言って許しているから

自由に交換してはいけない

なぜなら……
- まわりに迷惑がかかるから
- まわりが混乱するから
- 不公平になることがあるから

⇩

どんなときに不公平になる?
- 交換するものの価値が違いすぎるとき
  (いい席と悪い席)
- 相手が十分に納得していないとき
  (「ホントはイヤだけど…」)

交換は自由にできる?

それは法律? それとも道徳?

「夏の法律教室」3日目、午後の2時間目が始まります。

パクト:さあ、午後の2時間目を始めましょう。今年の「夏の法律教室」は、これで終わりになります。最後なので、ジュリア弁護士に来てもらいました。いっしょに授業を進めていきます。ジュリアさん、どうぞ。
ジュリア:弁護士のジュリアです。みんな、よろしくね。

サル山学園から来ている子どもたちは、「あれえ、トーマスのかあちゃんじゃない?」とざわめいています。トーマスは、ちょっと照れくさそうです。ひとりが、「弁護士って、裁判する人?」と聞きました。

ジュリア:そうです。それだけじゃないけどね。その話はまたにして、さっそくだけど、みんなは、この「夏の法律教室」で勉強したことは、あんまり「法律」っぽくないと思っているのかな? パクト先生から聞いたんだけど。そう思う?
リサ:そう思います。
ジュリア:どうして、そう思うのかな?
トーマス:どうしてって、法律っていえば、やっぱり事件がなきゃ。犯罪が起きる、犯人をさがす。そして処罰する。テレビだって、そうだろ。席をとったぐらいじゃ事件になりませ〜ん。
ヤスヒコ:他人の席をとってはいけないというのは、マナーとか常識のような気もするし。

リサ：席を交換する約束をして、やっぱりイヤになったからやめたくなる。でも、約束したら守らなければいけない。これって、自分の気持ちとか、相手の信頼の問題でしょ。だから、法律というより「道徳」かなあ。

席の話は……
事件じゃないから法律とは関係ない
「人の席をとったらダメ」っていうのはマナーや常識
「約束したら守らなきゃ」っていうのは、道徳かな

パクト：みんな、なかなかいいことを言っているなあ。それでは、マナーや道徳と法律は、どう違うのかな？

トーマス：かんたんさ。法律は国が決めたものだけど、道徳はそうじゃない。

ヤスヒコ：法律は条文になっているけど、道徳はなっていない。

リサ：そういうところはたしかに違うけれど、どっちも、私たちがいっしょに暮らしていくのに必要なきまり。その点では同じかも。

[法律]
・国が決めたもの
・条文がある

[道徳]
・国は決めていない
・条文はない

どちらも、人と人がいっしょに暮らしていくのに必要なきまり

書かれていないルールがある

ヤスヒコ：そういえば、「人のものをとらない」とか「人の気持ちを傷つけない」って、法律なのかな？　道徳なのかな？

トーマス：法律で決まってれば法律。決まってなければ道徳。違うの？

ジュリア：なるほどね。たしかに、サル山共和国では、法律は国が決めていて、ルールは条文に書いてあるわね。そこの……けぐり君だっけ、あなたはカエル王国から来たんでしょう。カエル王国はどうかしら？

けぐりん：マダ〜ム、よく聞いてくれました。カエル王国では、国王がカエルたちに下す命令は、はっきりと紙に書かれています。しかし、カエルどうしの争いに関するルールは、条文のかたちで書かれた法律にはなっていません。

ヤスヒコ：えっ、じゃあ——

トーマス：法律はないってこと？

けぐりん：よく聞け。本当におまえたちは、はやとちりな連中だな。書かれてはいないが、ルールはある。それは法律と同じなんだ。

ヤスヒコ：でも、書かれていないと、ルールの内容はわからないよね。だから、ボクたちも昨日、ケンカになりそうになったんだし。

ジュリア：ヤスヒコ君、ちょっと待って。けぐり君の話をもう少し聞いてみようよ。けぐり君、あなた、大事なことを言っていると思うわ。でも、言い方がよくないかも。その上から目線をやめると、もっとチャーミングに見えるわよ。

けぐりん：マダ～ムにチャーミングだなんて言われると、このボクも照れてしまいます。

けぐりんは、立ち上がってみんなのほうを向き、「こほん」とひとつせきばらいをしてから、話しはじめました。

けぐりん：みなさん、カエル王国では、カエルとカエルのあいだのルールは、昔から決まっています。だれかが決めたわけではないけれども、お年寄りから若者へと伝えられて、ルールはみんなが知っています。だから、カエルどうしで争いになったときには、そのルールに従います。

もちろん、ルールのなかには「従ったほうがいい」というくらいのものと、「従わなければならない」というものがあります。だから、道徳と法律を区別することはできますが、道徳と法律はつながっているともいえます。

**カエル王国にある
カエルどうしのルール**

- 国が決めたルールではない
- 条文はない
- けれど、みんながそのルールを知っていて、それに従って行動し、争いを解決する

リサ：道徳と法律とがつながっているというのは、なんとなくわかるわ。でも、そうだとすると、法律の意味って、どこにあるのかしら。

ヤスヒコ：けぐりんの言うことは、なるほどと思ったよ。書かれていなくても、法律と同じ力のあるルールがある。実際に、そういうルールのある国があることはわかったよ。でも、王様の命令は紙に書いてあるんだよね。王様の命令は法律じゃないのかなあ。

けぐりん：国王の命令は、国会が作った法律と同じで、立派な法律です。しかし、国王がなんでも勝手に命令できるわけではありません。

ジュリア：最後の授業は長くなりそうね。パクト先生、ちょっと休憩してから、もう少し続けましょうか。

パクト：そうしましょう。みんな、5分休みます。それから、またやりましょう。

じゃあ、ハスの葉以外のものなら？

休憩のあいだに、パクト先生とジュリア弁護士は何か相談していたようです。

パクト：午後の授業は、けぐり君の質問から始まりました。今度は、みんながけぐり君に、カエル王国のルールについて質問してみたらどうか、と思います。けぐり君、いいですか？

けぐりん：わが王国に対する質問に答えるのも、王子の役目です。喜んでお答えします。

ジュリア：じゃあ、みんなが質問しやすいように、ひとつ、ヒントを出します。カエル王国では、「ハスの葉の交換は勝手にはできない」ということでした。それって、ハスの葉だけのことなのかな？

けぐりん：このボクに対する質問ですか？

ジュリア：そうじゃなくて、みんなに対する質問。ハスの葉は交換でき

ないとして、ほかのものはどうかって考えてみたら？

リサ：たとえば——

ジュリア：たとえば？

リサ：「ハスの葉以外のものも、勝手に交換してはダメなのか」ってことですね。

ジュリア：ハスの葉以外のものって、何かな。勝手に交換してはダメだと、どうなるのかな。

パクト：ボクもヒントを出そう。ボクは、ヤスヒコ君とリサさんの席の交換について、なんて言ったかな。

トーマス：べつに何も言わなかったじゃん。違ったっけ？

パクト：たしかに何も言いませんでした。それって、どういうことかな？

ヤスヒコ：どういうことかと言われても……。

トーマス：「勝手に交換していい」ってことじゃないの？

ジュリア：なかなか難しそうね。パクトさん、どうかしら。このことは、今日だけじゃなく、ゆっくり考えるようにしたら？

パクト：まあ、ぜんぶを一度に理解する必要もないし、来年までの宿題ということにしましょうか。

ジュリア：パクト先生、来年もよろしくね。

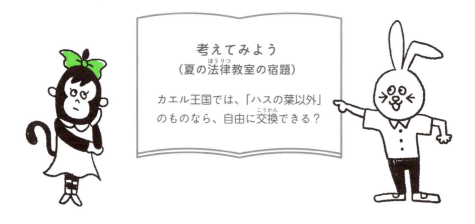

考えてみよう
（夏の法律教室の宿題）

カエル王国では、「ハスの葉以外」のものなら、自由に交換できる？

パクト：それでは、今年は、ここまでにしましょう。
けぐりん：先生、ちょっといいですか？
パクト：どうぞ。
けぐりん：「夏の法律教室」は、とても勉強になりました。パクト先生、ジュリアさん、ありがとうございました。そしてみなさん、キミたちには失礼なことを言ったかもしれないが、許してくれたまえ。ボクは、法律のこともそうだが、キミたちのことも少しわかったような気がする。また、どこかで会おう。

みんなは口ぐちに、「うん、また会おう」「またね、けぐりん」と答えていました。

自由に交換できなかったら、どうなる？

こうして、3日間続いた「夏の法律教室」もようやく終わりました。でも、トーマス、ヤスヒコ、リサの3人は、なんだかすっきりしません。
教室からの帰り道、夏の陽はまだ高く、外は猛暑が続いています。ジュリア弁護士は、3人に冷たいジュースをごちそうすることにしました。

ジュリア：3人とも、なんだかもやもやした顔をしているわね。

トーマス：だって、宿題だされちゃっただろ。

ジュリア：あら、トーマスは宿題なんてやらないじゃない。学校の宿題じゃないんだから、無理にやらなくてもいいわよ。

リサ：でも、ジュリアさん、このままじゃ、なんだかアタシ、すっきりしません。宿題だからやるとかやらない、じゃなくて。

ヤスヒコ：ボクもそう。せっかく勉強したんだから、もう少し考えてみたいような気がする。

ジュリア：じゃあ、夕食までまだ時間があるから、ここでいっしょに、少しだけ考えてみる？

リサ：そうしてもらっていいですか。

トーマス：延長戦ってわけだ。

ジュリア：問題はいくつかあるけど、ひとつにしぼりましょう。

ヤスヒコ：それがいいです。たくさんあると、わからなくなりそうだし。

ジュリア：カエルとカエル、サルとウサギ、つまり個人と個人とが何かを交換する。それを国王が、これは国とか法律って言いかえてもいいわ、国や法律がそれを許したり許さなかったりする。それはなぜだろう。許すとか許さないって、どういうことだろう。

リサ：カエル王国では、ハスの葉の勝手な交換は許されていない。でも、国王の許可があれば別。そして、ハスの葉以外のものの交換は──

ヤスヒコ：たぶん、許されている、と思う。

ジュリア：なぜかしら？

ヤスヒコ：だって、そうしないと大変でしょう。たとえば、リサのオレンジジュースとボクのグレープジュースを交換したいってときに、王様の許可をとらなきゃダメだとしたら。

ジュリア：オレンジジュースを注文してお金を払うのも、物とお金の交換よ。

リサ：大変。それじゃ、ジュースを買って飲むのにも、許可が必要って

こと？

トーマス：そうなったら、王様は忙しくてかなわないぜ。

ヤスヒコ：国民だって困るよ。みんなが許可をもらうために、長い行列ができちゃう。

トーマス：だから、王様は、勝手に交換させているってわけだ。法律も作らずに。

ジュリア：「自由に交換をさせている」というのはそうだと思うけれど、「法律も作らずに」というのは、少し考える必要があるわ。

トーマス：なんで、なんで。

ジュリア：カエル王国の国王は、「カエルたちが自分たちのルールに従って、自由に交換することがいいことだと思っているから、そのルールをそのまま認めている」とも考えられるからよ。そして、そのときには、「そのルールは、書かれていなくても法律と同じ」だともいえる。

ヤスヒコ：じゃあ、よくないことだと考えたら……。

リサ：法律を作って、ルールを変えるのかな。

トーマス：ルールを変えなくていいときには、新しく法律を作る必要はない。だって、もう法律と同じルールがあるんだから。でも、ルールを変えるには、新しい法律が必要だ。

```
┌─────────────────────────────────┐
│      カエルどうしのルール        │
│                                 │
│   そのままで      そのままでは   │
│   よい場合        よくない場合   │
│     ⇩               ⇩           │
│   王様は、そのまま  王様は、新しい│
│   認めている        法律を作る   │
└─────────────────────────────────┘
```

だから
カエルどうしのルールは
書かれていなくても
法律と同じといえるわね

ジュリア：宿題ぎらいのトーマスにしては、いい線いっているわ。それじゃ、新しい法律が必要なのは、たとえばどんな場合か。これは本当の宿題ってことにしましょう。

ヤスヒコ：難しいなあ、それは。

ジュリア：じゃあ、もう少しわかりやすく、あとで紙に書いてトーマスに渡しておくわ。

リサ：お願いしま〜す。

ヤスヒコ：ああ、「夏の法律教室」、本当にこれで終わりだね。

リサ：ケンカもしたけど、けぐりんっておもしろかったわ。もう会えないのは、ちょっとさびしい感じね。

トーマス：オレは、来年も、あいつとまたケンカするって、約束したよ。法律に書いてあっても、書いてなくても、約束は守らなきゃな。そうだろ？

ジュリア：ふふ、そうね。……さあ、みんな、家に帰るわよ。

「私」と「私」のあいだのとりきめ

交換を認めていい理由、いけない理由

「夏の法律教室」が終わった翌日、ジュリアさんは、パクト先生をレストランに招待しました。講師を引き受けてもらったお礼のようです。

ジュリア：パクトさん、3日間、おつかれさまでした。

パクト：ちょっとつかれたけれど、楽しかったです。でも、小学生に法律を教えるのって難しい。昨日はジュリアさんに来てもらって、助かりましたよ。それと、カエル王国からやってきたけぐり君が、みんなと違う意見を言ってくれたのがよかったかな。

ジュリア：彼はおもしろい子ねえ。あの子の話を聞いて、サル山共和国の子どもたちも、私たちも、いままで当然だと思っていたことを、あらためて考えさせられたわ。

パクト：カエル王国では、ハスの葉は勝手に交換できないって、ジュリアさんは知っていた？

ジュリア：知らなかった。でも、世界には、そういう国はあるわよね。土地はすべて国のものだとか。

パクト：帰りぎわに、「先生、カエル王国って社会主義経済の国ですか」って聞いてきた子もいましたよ。

ジュリア：そうね、交換や取引は自由にできるって、自由主義経済の国では、みんなそう思っているわよね。

パクト：だから、けぐり君の質問をきっかけに、どうしてそうなのかを考えることができたのはよかったなあ。

　自由な交換を認めていい理由として、子どもたちは、「おたがいが納

得しているから」「おたがいにとっていいことだから」「自分のものだから」「先生がいいと言って許しているから」などを挙げたけど、みんなすごくよく考えていると思ったなあ。

　反対に、自由な交換を認めてはいけない理由も、よく考えていた。ただ「不公平だから」というだけじゃなくて、「交換するものの価値が違いすぎるときはダメ」とか、「相手が十分に納得しないときはダメ」とか。

ジュリア：「交換の内容が不公平」ということと「交換の方法が不公平」ということが区別できたのね。すごいわ。

パクト：それと、「自分たちがよければいい」という意見が出る一方で、「社会に迷惑や混乱が生じるからいけない」という意見も出てきた。たとえば、パイロットとお医者さんが、勝手に職業を交換するのはダメだって。お客さんや患者さんが迷惑するから。

ジュリア：本当に、子どもたちはいろいろ考えたわね。これが「夏の法律教室」のいちばんの成果かしら。あの勉強ぎらいのトーマスが、昨日の授業のあとで、もっと考えたいって言うのよ。

パクト：トーマス君は、もともと勉強がきらいじゃないんだね、きっと。

ジュリア：それで、リサちゃんやヤスヒコ君もいっしょだったんで、私、みんなに宿題を出したのよ。
パクト：どんな宿題？
ジュリア：こんな問題を作って、トーマスに渡したのよ。
パクト：へえ、これができるようになるといいね。

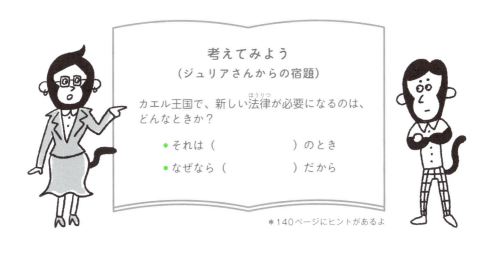

考えてみよう
（ジュリアさんからの宿題）

カエル王国で、新しい法律が必要になるのは、どんなときか？

- それは（　　　　　　）のとき
- なぜなら（　　　　　　）だから

＊140ページにヒントがあるよ

約束を守るというルール、それを守らせる法律

　楽しそうに「夏の法律教室」をふり返りながら、パクト先生とジュリアさんの食事が進みます。おいしいデザートを食べて、最後にコーヒーを飲みながら……。

ジュリア：「夏の法律教室」、おかげさまで、とってもうまくいったわ。でも、最後の時間がちょっと難しかったかもしれない。私の説明が悪かったかな。
パクト：そんなことないですよ。ジュリアさんがけぐり君に質問して、書かれている法律と、書かれていない法律があるって話が出たじゃない。
ジュリア：あれはよかったわ。法律というか、法のルールは「なんでも

書かれているわけじゃない」ってことは大事なことだから。でも、その先がね……。

パクト：その先は難しいからね。人びとが自由に交換をする。それをなぜ、王様は許しているのか。そこには、法律はあるのか、ないのか。

ジュリア：授業のあとで、リサちゃんやヤスヒコ君は、「国王は原則として、自由な交換を認めている。そのほうがいいし、そうじゃないと困る」ってところまでは考えたのよ。

パクト：「自由な交換」が、交換をする本人たちにとっても、国や社会にとっても、いいことだというところまで、わかったってことだね。「財産」「人格」の尊重、それに、「交換」の自由。このふたつが、個人と個人の関係の基礎になっている、つまり、民法の基本ルールだってこと。これをことばで理解するだけでなく、感じとってほしい。これが、今回のボクの授業の目標だったんだけど、あるていどまではこの目標に近づけたってことかな。

- 「私」にとって大切なもの（人格・財産）を尊重しあう
- 個人と個人が約束をして、自由に「交換」ができる

民法は、そのための基本的なルールを決めている

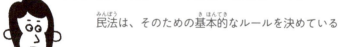

ジュリア：そのことは、子どもたちにも伝わったと思うわ。ただね……。
パクト：ただ、なんなの？
ジュリア：「交換の約束をしたら、それを守らなければならない」。これはみんなが昔から従っているルールでしょ。カエル王国では、このルールを王様が、つまり国の法律が認めている。そのことの意味がうまく伝えられなかったと思って。

パクト：その話は、「道徳と法律の関係」という話にもつながってきますね。交換の約束を守らなければならない。それだけなら、道徳の話かもしれない。でも、約束が守られない場合には、国が守られるようにしてくれる。そうなれば、法律の話ってことになる。つまり、自分たちのルールを自分たちで守るという個人と個人のあいだのこと、それと、ルールが守られないときに法律とか国家とかが出てくるということ。このふたつを組みあわせて「しくみ」ができているってところが、大事なところなんですよね。

　民法という法律は、個人に直接に何かを命令するわけではなくて、自分たちがした約束、作ったルールに従うようにと命令する。そういう法律であるということですね。

> - 約束（自分たちのルール）を守らなければいけない ⇒ 道徳？
> - もし、約束（自分たちのルール）が守られなかったら？
>   ⇒ それを守らせるのが法律？

ジュリア：パクトさんに説明してもらって、だんだんわかってきたような気がするわ。だから、っていうわけでもないけれど、来年の「夏の法律教室」の講師、あらためてお願いするわ。

パクト：来年もやらせてもらいますよ。それまでに、ぼく自身も、もう少し勉強しなけりゃいけないけれど。来年は、最初から、ジュリアさんといっしょに授業をするっていうのは、どうでしょうね。

ジュリア：それじゃあ、私も勉強しておかなくちゃ。

パクト：トーマス君といっしょにね。

解説 パクト君への手紙 ①

パクト君へ
　手紙、ありがとう。お元気で活躍しているようで、なによりです。小学生を相手に民法を教えているとのこと、ちょっと驚きましたが、きみらしいと思いました。きみが大学生で、ぼくの授業を聴いていたころから、わかりやすく法律の説明をすることに大変興味をもっていたことを知っていますので。
　「夏の法律教室」での授業のようす、それに、きみの友だちの弁護士、ジュリア君との会話など、手紙の内容も興味深く読みました。せっかくなので、少しだけ感想を書きます。メモ書きのかたちにしたものを同封します。きみだけでなく、きみが教えている小学生の諸君にも読んでもらえるように、ことばづかいに注意しながら書きます。
　「夏の法律教室」の民法の授業で、きみが何を伝えようとしたのか。それは、きみとジュリア君との会話からよくわかりました。でも、十分に伝えられなかったこともあるようですね。以下に書くのは、せっかく授業のなかに出てくるのに、きみたちが会話のなかではあまりふれていない点です。来年の授業の参考にしてください。

法律の議論のしかた

　まず、法律の議論のしかたについてだ。小学生の諸君の意見をきみから伝え聞いて、私はふたつの点に気づいた。

　ひとつめは、「平等」とか「公平」ということにかかわる。ひとりでふたつの席をとるのは平等ではないとか、不公平な交換は認められない——これは、その法律が守ろうとしているものは何か、どんな価値かということを考える議論だね。こういう議論は、みんなにわかりやすいし、なんのために法律があるのかを考えるうえでも大事なことだ。

　でも、ただ、不平等・不公平と言うばかりじゃ、反対する人を説得して、「なるほど」と思わせることはできない。何が不平等・不公平なのかを、もっとくわしく説明するほうがいい。きみたちも言っていたように、交換の自由を認めない理由となる「不公平」を、「内容の不公平」と「方法の不公平」のふたつに分けたのは、いい議論の仕方だね。

　ふたつめは、どこで対立しているかをはっきりさせることが大事だということ。たとえば、ヤスヒコ君は「ミミナガ」というあだ名をいやがっているが、けぐり君はいいあだ名だと言っている。だから、ふたりは対立しているように見える。しかし、ヤスヒコ君が、あだ名で呼ばれるのはいやだとはっきり言ったあとは、けぐり君もあだ名で呼ぶのはやめている。

「いやがる人をあだ名で呼ぶのはよくない」——この点では、ヤスヒコ君とけぐり君の考え方は一致している。違うのは、けぐり君は「あだ名で呼んでもいい、いやだと言われたらやめればいい」と思っているところだ。これに対してヤスヒコ君のほうは、「他人をあだ名で呼んじゃいけない、ただし、相手が許可していればいい」と考えているようだ。

　つまり、「あだ名で呼んでよい」というルールが原則なのか例外なのかで、ふたりは対立している。こうやって対立点を明らかにすることで、議論は一歩進む。けぐり君もヤスヒコ君も「なるほど」と思うはずだ。

	けぐりんの考え	ヤスヒコの考え
原則	あだ名で呼んでもいい	あだ名で呼んじゃダメ
例外	相手がイヤだと言ったらやめる	相手がいいと言ったら呼んでいい

＊ふたりとも、「本人がいやがるあだ名で呼ぶのはよくない」と思っている

　これらの点は、民法ばかりではなく、どんな法律について議論するときにも大事な点だ。もっと言えば、法律の話にかぎらず、およそ議論をするときには注意したほうがいいことだといえる。ただ、法律以外のことについては、いつもこんなふうに議論するとはかぎらないね。

具体的な制度（しくみ）の作り方

　つぎは、制度の作り方についてだ。
　ここでは、ある具体的な制度の作り方と、制度を作るときの一般的な注意事項に分けて考えよう。「制度」ということばはちょっと難しいが、ここではひとまず「ルールによってできあがっているしくみで、人びとの行動に影響を与えるもの」とでも言っておこう。
　具体的な制度の作り方というのは、たとえば、こういうことだ。「夏の法律教室」では「席」の決め方が問題になったようだが、いったん座った「席」が自分の「席」であることを他人に知らせるには、どうすればいいか。ここでも、けぐり君とヤスヒコ君とのあいだには、意見が一致している点がある。それは、「先に座った人が、その席に座ることができる。ただし、先に座ったことを他人に知らせる必要がある」という点だね。

では、他人に知らせるためにはどうすればいいか。

「荷物を置いておく」というのが、ヤスヒコ君が提案している制度だといえる。これに対して、「名前を書いた紙を置いておく」というのが、けぐり君の提案だ。どっちの提案も考えられる。制度の作り方がちょっと違うだけだ。実際には、どちらかの制度を選ばなければならないこともあるが、どちらでもいいとすることができる場合もある。

「夏の法律教室」では、「名札や荷物を置いて、みんなにわかるようにする」と決めた。どちらの方法でもよい、つまり、ふたつの提案を両方とも認める制度にしたんだね。これとは別に、壁にはった座席表に自分の名前を書きこむことにして、他人に知らせるという制度を作ることだってできる。

**席に人がいることを
みんなに知らせる方法**

① 荷物を置いておく
　（ヤスヒコの提案）
② 名前を書いた紙をはっておく
　（けぐりんの提案）
⇒ 夏の法律教室では、「①と②のどちらの方法でもよい」と決めた

ほかにも
壁に座席表をはりだして
名前を書きこむ方法もある
このようにして
みんなが使える
制度（しくみ）を作るんだ

いちいち決めるか、大枠だけ決めるか

一般的な注意事項というのは、ちょっと難しい。きみたちがうまく説明できなかったのもしかたがない。たとえば、こういうことだ。

ハスの葉をカエルに分ける制度を考えてみよう。

ひとつには、王様がいちいち、「おまえはこっちの葉に住め、おまえはあっちの葉に住めと決める」というやり方がある。席の決め方だって同じだ。先生が、「けぐり君は1番の席、ヤスヒコ君は2番の席」と決めることもできる。ハスの葉や席を交換する場合にも、王様や先生がいちいち決めることもできるだろう。

　しかし、もうひとつの決め方として、みんなに自由に決めさせる、交換も自由にさせるというやり方がある。ここで大事なのは、王様や先生も、決めた結果（交換した結果）を尊重するという点だ。

　まえのやり方は、法律で個別に決めるやり方。

　あとのやり方は、個別には決めないで、各人の決定を法律が認めることだけを決める、というやり方だね。

いちいち決める

1番ヤスヒコ、3番リサ、
28番トーマス……

**「自由に決める」と決める
（大枠だけ決める）**

自分たちで決めていい

一般的に言って、制度の作り方には、この２種類がある。これは民法だけの話ではない。民法の特色と言っていいのは、２種類のやり方のうち、あとのやり方、つまり、大枠になるルールを決めておいて、個別的な決定は各人に委ねていることが多い、ということなんだ。

民法という法律の特色

　民法の特色をよりはっきりさせるために、ここでたとえ話をしよう。
　子どもたちに、お母さんがおやつをあげる場面を考えてみてほしい。「Ａちゃんはケーキ、Ｂちゃんはキャンディ」とお母さんが決めるのではなく、「おやつをあげるから、ふたりでなかよく分けなさい」と言って（つまり決めて）、あとはふたりに分けさせる。大枠を決めて、具体的にどうするかは、Ａちゃん・Ｂちゃんに任せている。
　同じことは、こんなふうにも言える。
　ＡちゃんとＢちゃんは、冷蔵庫におかあさんが入れておいたおやつを、自分たちで取り出して、自分たちで分けた。ＡちゃんとＢちゃんのあいだでは、「今日はＡちゃんが先に好きなものを取るけれど、明日はＢちゃんが好きなものをとる」というルールができている。
　これはお母さんが決めたルールじゃないけれど、お母さんはふたりがこうやっておやつを分けているのを認めている。
　これが、民法という法律のイメージだ。
　もう一度言うけれども、民法はなんでも決めてしまうのではなく、個人が自分で決められる「自由」の範囲を広く認め、交換の約束という自分たちのルールを自分たちで作って（自律）、自分たちでそれが守られるようにすることで成り立っている（自治）。つまり、民法は「自律」と「自治」のルールなんだ。そこには、「自分たちで社会をつくる」という考え方がある。こうした考えをもつ人びとがつくる社会が、「市民社会」だ。これは「政治の国」の話でもあるがね。

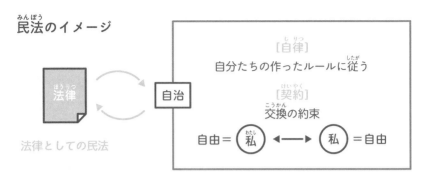

ルールとしての民法

　こうした民法のルールは、はっきりと法律に書かれていなくても、たしかに存在している。けぐり君が言っていたように、「書かれていなくてもルールはある」。だから、どんな国、どんな社会にも、民法はある。自分の「人格」や「財産」をおたがいに尊重しあうルールや、交換の約束——きみたちはよく知っているように「契約」と呼ばれているね——を守る・守らせるというルールは、人間を大事にしようとするなら、どんな国、どんな社会でも必要だからね。

　もっとも、「書かれた法律としての民法」があるとはかぎらない。サル山共和国には「書かれた法律としての民法」はあるけれども、カエル王国には「書かれた法律としての民法」はない。この違いがどういう意味をもっているか。いつか機会があったら、説明することにしよう。

	自分たちのルールとしての民法	書かれた法律としての民法
サル山共和国	○	○
カエル王国	○	×
日本	○	○

○＝ある　×＝ない

ボクらの図書室
「けぐり文庫」

約束で「しくみ」をつくる

第3話のおもな登場人物 ▶

 トーマス ヤスヒコ リサ 校長先生 バルボー ジュリアさん

カエル王国からの
プレゼント

> 学校の図書室に寄付する？

　3日間続いた「夏の法律教室」が終わってから、1週間くらいあとのことです。夏休みはまだまだこれからというところ。ところが、ヤスヒコ、トーマス、リサの3人に、「明日、サル山学園の校長室に来るように」という連絡が来ました。なんだろうと心配しながら、3人はそれぞれ学校に向かいました。

　校長室に入ると、校長先生の机の上にたくさんの本が置かれていました。絵本や写真集、物語や図鑑。いろいろな本が30冊ほどもあるようです。

校長：やあ、みんな、夏休み中なのに、よく来てくれたね。
リサ：先生、アタシたちはどうして呼ばれたんですか。
トーマス：オレ、夏休みになってから、校長先生にしかられるようなこと、してませんよ。
校長：いや、しかろうと思って、呼んだんじゃない。ほら、この机の上を見てごらん。
ヤスヒコ：本……ですよね。
校長：そうだよ。
リサ：あっ、これ、カエル王国の本みたい。
トーマス：これもだよ。『カエル王国の歴史』だってさ。
校長：ここにある本は、ぜんぶ、カエル王国から送られてきたものなんだ。手紙が入っていて、キミたち3人へのプレゼントだと書いてある。キミたちは「夏の法律教室」で、カエル王国の王子と友だちになったら

しいね。王子がキミたちに、「カエル王国のことをもっと知ってもらいたい」と思ったらしいんだ。

ヤスヒコ：だから、ぜんぶ、カエル王国の本なんですね。

リサ：これも、これも、おもしろそうね。

トーマス：でもよ、こんなにたくさんじゃ、いっぺんには読めないぜ。

校長：私(わたし)もそう思うよ。そこで相談なんだが、ここにある本をまとめてサル山学園の図書室にもらうわけにはいかないかな。そうすれば、キミたち以外の子どもたちも、この本を読むことができるし。

　3人は、けぐりんからの思いがけないプレゼントと、校長先生からの思いがけない提案(ていあん)に、ちょっと顔を見あわせました。

トーマス：いいんじゃない。どうせ、いっぺんには読めないんだし。

リサ：みんなに読んでもらうのはいいけど、アタシ、この本をすぐに読

みたい。
校長：キミたちがもらったんだから、夏休みはキミたちが読めばいい。それで読み終わった本は、図書室に持ってきてもらう。どうだい？
リサ：それなら、いいわ。
ヤスヒコ：でも……。
校長：ヤスヒコ君は、反対なのかな？
ヤスヒコ：この本、けぐりんがボクたちにプレゼントしてくれたんですよね。
トーマス：だから、図書室に置いて、みんなで読めばいいじゃん。
ヤスヒコ：図書室に置くのはいいと思うんだけど……。なんか、それじゃ、「ボクたちがもらった」という気がしないんだ。
トーマス：あれ、ヤスヒコ、おまえ、この本をひとりじめしたいわけ？
ヤスヒコ：そうじゃないけど……。せっかくもらったんだから、なにか、もっとボクたちにできることがないかな、と思って。
リサ：アタシたちができることって、なに？
トーマス：オレたちがもらったんだから、オレたちの名前を書くとか？
ヤスヒコ：う〜ん。たとえば……サル山学園の図書室の本だと、この学校の子じゃないと借りられないよね？
トーマス：そりゃ、そうだ。ねえ、校長先生。
校長：そういうことになるね。だけど、サル山学園の子どもたちは、みんな借りられるんだよ。
リサ：でも、「夏の法律教室」に来ていたほかの学校の子たちも、読みたいかも。
校長：それはちょっと難しいねえ。……わかりました。キミたちがもらった本ですから、とりあえず3人で持って帰ってください。それで、読み終わって、学校の図書室に寄付してもいいと思ったら、また、持ってきてください。お父さんやお母さんともよく相談して。
みんな：わかりましたー。

いろんな人に貸してあげたい

　3人はそれぞれ、本を入れた袋を両手に持って、学校から近いトーマスの家に行きました。テーブルに本を積み重ねて、どの本をだれのものにするか、相談を始めました。
　しばらくすると、そこにトーマスのお母さんが帰ってきました。弁護士のジュリアさんです。

ジュリア：あら、みんな。そんなにたくさん本を持ってきて、夏休みの宿題でもやっているの？
リサ：ジュリアさん、こんにちは。この本、けぐりんからアタシたちへのプレゼントなんです。
ジュリア：へえ。けぐりんって、あのカエルの王子？
トーマス：ピンポ〜ン。正解。だから、カエル王国の本ばっか。
リサ：ぜんぶで30冊あるんで、アタシたち10冊ずつ分けることにしたんです。
トーマス：そんで、読み終わったら、学校の図書室に寄付するんだ。

ジュリア：「寄付」なんてことば、トーマス、よく知ってるわね。
リサ：今日、校長先生に呼ばれて、本をもらうときに、「読み終わったら寄付してください」って。
ジュリア：あら、校長先生がそうおっしゃったの？
ヤスヒコ：ボクたちが「寄付してもいいと思ったら」って。
トーマス：お父さんやお母さんと相談しろってさ。
ジュリア：ヤスヒコ君は、あんまり気が進まないみたいね。
トーマス：こいつは、ひとりじめしたいから。
リサ：そうじゃないでしょ。ヤスヒコは、サル山学園以外の子たち、たとえば、「夏の法律教室」で知りあった子たちにも貸したらいいって。でも、学校の図書室じゃ、それは無理みたいだから。
ジュリア：なるほど。せっかくもらっためずらしい本だから、いろんな人に貸してあげる。それはいいかもしれないわね。おとなだって読みたいかもね。
トーマス：でもさ、どうやって貸すわけ？
ジュリア：そこが問題ね。ところで、あなたたち、10冊ずつ、もう分けたの？
ヤスヒコ：はい、分けました。それで、読み終わったぶんは、読みたい人に貸してあげるってことに決めました。
ジュリア：読みたい人って、だれのことかしら？
リサ：たとえば、トーマスの本をアタシが読みたかったら、トーマスからアタシが借りるとか。
トーマス：オレが読み終わったあと、だけどな。それと、オレの本だから、読み終わったら、ちゃんと返せよ。
リサ：あら、トーマス。読み終わったら図書室に寄付する、って言ってなかった？
トーマス：寄付してもいいけどさ。こうなったら、オレたちの本ということにして、おたがいに貸し借りする、それでさ——

ヤスヒコ：それで、ほかの学校の人にも貸してあげたら、どうかなあ。
ジュリア：ヤスヒコ君、なかなかいい考えだわ。でも、ちょっと問題もあるかもね。
トーマス：なんだよ、問題って。
ジュリア：まあ、おやつでも食べて、それから考えましょう。

> 自分たちの図書室を作ったら？

　みんなは、おやつを食べながら、自分たちで本の貸し借りをするというアイデアについて、あれこれと意見を言いあっています。

ジュリア：さあ、みんな。いろんな意見が出たみたいだけど、ちょっと整理してみようか。ヤスヒコ君、最初に3人で話し合って決めたのは、どんなことだったの？
ヤスヒコ：ボクたちは、ひとり10冊ずつ本を分ける。そして、読み終わった本は、おたがいに貸し借りをする。
トーマス：で、ほかのやつにも貸してやる。学校が違ってもな。おとなだってかまわない。
ジュリア：トーマス、ちょっと待って。順番に考えましょう。まず、3人のあいだでは、10冊ずつ本を分けたのね。
トーマス：そうだよ。これがオレの。こっちがリサの。
ヤスヒコ：で、これがボクのです。
ジュリア：つぎに、「おたがいに貸し借りをする」って約束をしたわけね。

　3人は、いったいなんだろうと思いながら、「はい」と答えました。

リサ：ジュリアさん、何かまずいこと、ありますか？
ジュリア：うーん。どうかなあ。たとえば、ヤスヒコ君がトーマスの本を借りたいとする。でも、トーマスはなかなか読み終わらない。そのときは？
トーマス：決まってるだろ。オレが読み終わったら貸すんだからさ、読み終わるまで、待て。
ジュリア：ふ〜ん。じゃ、トーマスが読み終わったとして、その本を借りたヤスヒコ君は、いつ返せばいいの？

トーマス：読み終わったら、すぐ、だよ。

ジュリア：でも、ヤスヒコ君がいつ読み終わるか、わからないよ。

リサ：わかりました！　ジュリアさん、アタシたち、学校の図書室みたいに、貸し借りのルールを決めたほうがいいんですね。何日まで借りられるとか、何冊まで借りられるとか。

ヤスヒコ：それと、ボクたち3人は、どんな本があるかを知っているけど、ほかの人は知らない。いろんな人に貸すなら、知らせる必要がある。できれば、学校の図書室みたいに、どこかにまとめて本を置いて、どんな本があるか見られるようにしたほうがいいかも。

トーマス：なんか、ほんものの図書室みたいだな。かっこいいかも。

ヤスヒコ：だけど、そうなると、本を置く場所が必要になるね。

ジュリア：まあ、場所は、私の仕事部屋の一部を提供してもいいわよ。本がたくさんあるから、30冊くらい増えてもかまわないわ。

トーマス：仕事部屋って言ったって、オレんちの1階だけどね。

リサ：アタシたち、自分たちの図書室を作れるのね。なんか、わくわく

するわ。

ヤスヒコ：自分たちの図書室なら、学校と違(ちが)って日曜日でも本が借りられるし、ほかの学校の子も借りられる。あっ、ジュリアさん、日曜日なんて言いましたが、ごめいわくじゃありませんか。

ジュリア：時間を区切れば、いいわよ。たとえば、午後の2時から4時までとか。でも、平日はちょっと無理かなあ。ほかにも決めておいたほうがいいこと、きっとあるわよ。それに、自分たちの図書室って、いいことばかりじゃないわ。もう少し、3人で考えてみるといいわ。夏休みの宿題ね。

みんな：え〜。また宿題ですか。

貸した本が返ってこない！

問題発生

　ヤスヒコ、リサ、トーマスの3人は、ジュリアさんに手伝ってもらいながら、3人の「図書室」のルールを作って、「おたがいにこれを守る」という約束をしました。そして、このルールを守るという約束をした人はだれでも、図書室の本を借りられることにしました。

　3人は、本を送ってくれたけぐりんの名前をつけて、この図書室を「けぐり文庫」と名づけました。けぐり文庫は、ジュリアさんの仕事部屋の片隅にあります。

けぐり文庫のルール

- この図書室は「けぐり文庫」といいます。
- 日曜日の2時〜4時にオープンしています。
- つぎのルールを守ることを約束すれば、本が借りられます。

　① 本を借りたい人は、「貸出ノート」に、借りる本の名前と、自分の名前を書きます。

　② 一度に借りられるのは、2冊までです。

　③ 貸出期間は2週間です。2週間以内に返してください。
　　（玄関に、返却ポストもあります）

　④ 借りていた本を返したら、新しい本が借りられます。

　⑤ 本は大切にしてください。

＊ルールを守らないと、貸出停止になることがあります。

　　　　　　　　　　　　　　　　　　ヤスヒコ、リサ、トーマス

楽しかった夏休みは終わり、秋の学期が始まりました。同時に、3人の図書室、けぐり文庫もオープンしました。毎週日曜日、3人は図書室の仕事をしています。ところが、オープンから1か月ほどたって、こんなことがありました。日曜日の夕方のことでした。

トーマス：さあ、けぐり文庫、今日(きょう)はこれでおしまいだ。閉店(へいてん)、閉店。
リサ：そうね。……あら、ヤスヒコ、どうしたの？
ヤスヒコ：カエル王国の写真集がないんだ。
トーマス：ないはずないだろ。よく見ろよ。
リサ：だれかが借りてるんじゃない？
ヤスヒコ：そうなんだ。
トーマス：なんだよ。おどかすなよ。なら、なくなったわけじゃないじゃん。
ヤスヒコ：でもさあ、返す日、もう過(す)ぎてるんだよ。1週間も。
トーマス：ひどいやつだな。オレが文句(もんく)言ってやるよ。

　リサとトーマスは、貸出(かしだし)ノートをのぞきこみました。
リサ：だれ？　約束の日に返さないのは。
ヤスヒコ：バルボーだよ。
リサ：そういえば、けぐり文庫に来ていたわね。この近所のコンビニでアルバイトを始めたって言ってたわ。
トーマス：バルボー？　あのゴリラかあ……。相手が悪いな。あいつ、体がでかくて、ケンカ強そうだからなあ。
リサ：あら、文句(もんく)言うんじゃなかったの？
ヤスヒコ：文句(もんく)じゃなくてさ、「ちゃんと返して」って、言ったほうがいいよね、やっぱり。
トーマス：そりゃ、そうだ。ヤスヒコ、おまえが言えよ。
ヤスヒコ：なんでだよ。

トーマス：だって、おまえ、今月の貸出係だろ。3人で相談して、そう決めたじゃん。
リサ：なんで、貸出係の責任なのよ。みんなで言おうよ。
ヤスヒコ：わかった。とりあえずボクが言ってみるけど、なんて言えばいいかな。
トーマス：それ、かんたん。「借りたものは返せ」。
ヤスヒコ：でもさ、返さないっていうわけじゃないと思うけど。
リサ：忘れてるのよ、きっと。
トーマス：じゃ、「思い出せ」って。本を借りてたことを。
リサ：返す日は決まってるんだから、「ルールは守らなきゃ」って言ってみたら？
ヤスヒコ：でも、それで返してくれるかなあ。
トーマス：それで返さなきゃ、オレにも考えがある。でも、ヤスヒコ、ともかく言ってみろよ。
ヤスヒコ：う〜ん、そうするよ。

約束したおぼえはない

　つぎの日。学校の帰り道に、ヤスヒコはバルボーの姿を見つけたので、走っていって声をかけました。

ヤスヒコ：ねえ、バルボーですよね。けぐり文庫から本を借りたまま、返していないでしょ？
バルボー：けぐり文庫って、なんのことだ？
ヤスヒコ：トーマスの家にあるカエル王国の本のことですよ。
バルボー：ああ、カエルの本かあ。借りたかもしれない。てか、借りた。オレさ、こんど家族といっしょに、カエルの国に旅行に行くんだ。いいだろ。うらやましいか。
ヤスヒコ：旅行に行くのはいいけど、本を返してくださいよ。
バルボー：まだ読み終わってない。
ヤスヒコ：でも、返す日はもう過ぎてますよ。
バルボー：それって、だれが決めたんだ。それに、なんでおまえが「返せ」って言うんだ。あれ、ジュリアさんの本だろ？
ヤスヒコ：違いますよ。あそこにあるのは、ボクたち3人、トーマスとリサとボクの本なんだ。それをみんなに貸し出しているんです。
バルボー：あっ、そう。あれ、おまえらの本なの。でも、まだ読み終わってない。
ヤスヒコ：でも、さっきも言ったけど、返す日は過ぎてるんですよ。
バルボー：だから、いつ返すか、なんて、オレは知らないって。それ、おまえたちが勝手に決めたんじゃないのか？
ヤスヒコ：勝手になんて決めていないです。借りた本は2週間以内に返すという約束でしょ。
バルボー：オレが、そんな約束したのか？　してないぞ。
ヤスヒコ：しましたよ。けぐり文庫の本を最初に借りるときに、「貸出

期間は2週間です。2週間以内に返してください」って書いてある紙を渡したはずです。

バルボー：紙に書いてあっても、オレはそんなこと知らない。字、読むの苦手だし。

ヤスヒコ：紙に書いてあるだけじゃありません。ボクはいつも、本を借りる人に、「返す日はいつです」って言ってます。

バルボー：うるさいやつだな。わかった。返す、明日返す。それでいいだろ。

ヤスヒコ：きっとですよ。

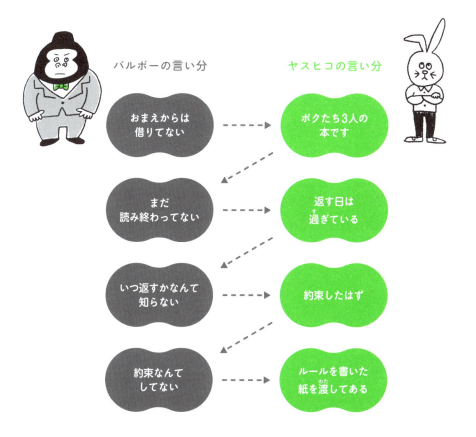

どうしたら、返してもらえる？

　バルボーは、「借りた本は明日返す」と約束しました。でも、つぎの日になっても、そのつぎの日になっても、返却ポストに本は入っていませんでした。
　ようやくつぎの日曜日、バルボーがけぐり文庫にやってきました。文庫には、リサとヤスヒコがいました。

リサ：あら、バルボー、本を返しにきたのね？
バルボー：そーか。本を持ってくるのを忘れた。
リサ：じゃあ、何しにきたの？
バルボー：本を借りにきた。妹が、カエルの国のことをもっと知りたいってさ。オレたち、家族で旅行に行くんだ。いいだろ。うらやましいか。
ヤスヒコ：でも、まえの本を返してくれなきゃ、新しくは貸せませんよ。
バルボー：なんでだよ。貸してくれよ。図書室って、本貸すところだろ。おかしいぞ。
リサ：たしかに、図書室は本を貸すところだわ。でも、ルールを守れない人には、貸せません。
バルボー：そんな勝手なことを言うなよ。
リサ：勝手なのはどっちです？　「借りた本は決まった日までに返す」「返さなければ、つぎは貸さない」。そういう約束でしょ？
バルボー：わかったよ。いいよ。もうたのまない。オレは帰る。

　出て行くバルボーと入れかわりに、トーマスが入ってきました。
　トーマスはバルボーの背中を見送ると、リサとヤスヒコに向かって言いました。

トーマス：あれ、バルボー、本を返しにきたのか？

リサ：違うのよ。返さないのに、新しいのを借りたいって。

トーマス：で、貸したのか？

リサ：貸さないわよ。だって、決められた日までに返さない人には、新しい本は貸さないって約束でしょ。

トーマス：そうだよ、そのとおり。リサ、よくやった。おまえはえらい。約束は守ってもらわないとな。

ヤスヒコ：でも、バルボーが借りたままの本はどうするの？　このままじゃ、返してもらえないよ。

リサ：トーマス、あんた、何か考えがあるって言ってなかった？

トーマス：う～ん、ないわけじゃない。

ヤスヒコ：どんな考え？

トーマス：あいつの家に乗りこんで、貸した本を持ってくる。

リサ：それってドロボウじゃない。

トーマス：いや、違う。あの本はオレたちの本だから、ドロボウじゃないだろ。

ヤスヒコ：そうだとしても、勝手に人の家に入って、ことわりなく物を持ってくるのはまずいよ。

トーマス：じゃあ、あいつの家に連絡して、「返してくれ」って言う。

リサ：アタシ、このあいだ、バルボーとそっくりのゴリラに会ったんで、声をかけたの。そしたら妹だった。「借りた本を返すように、バルボーに言ってください」ってたのんでおいたんだけど……。「はい、はい」とは言ってた。

トーマス：ふーむ。あいつの妹なら、やっぱ忘れてるんだろ、きっと。

リサ：アルバイト先のみんなのまえで、「バルボーは本を返さない」って言ったらどうかしら。そしたらバルボーだって、さすがに困るでしょ。

トーマス：そしたら、もうだれもバルボーに物を貸さなくなるだろうな。

ヤスヒコ：でも、なんだか、言いつけるような感じもするなあ。

リサ：あら、学校の先生に言いつけるわけじゃないし。

トーマス：まあ、おとなの力にたよるというのは、最後の手段だな。

ヤスヒコ：ボクは、言いつけるとかじゃなく、だれかおとなに話して、バルボーに返すように言ってもらうほうがいいような気がするけれど。

トーマス：結局、どうするんだよ。

どうしたら、貸した本が返ってくる？

リサ：どうするのがいいかしらね。よく考えてみないと。約束してルールを作っても、それを守ってくれないと、困っちゃうわねえ。

ヤスヒコ：でも、みんながみんな、約束を守らないわけじゃないよ。それに、バルボーだって、いつも約束を守らないわけじゃないだろうし。

トーマス：みんながいつも守らなきゃ、約束なんて意味ないだろ？

リサ：ともかく、バルボーにもう一度、「返して」って3人で言ってみましょうよ。あと、クラスのみんなにも相談してみない？

ヤスヒコ：約束を守ってもらって、けぐりんからのプレゼントの本、できるだけたくさんの人に読んでもらいたいよね。

トーマス：そうだな。そのために、オレたち、日曜日にここに集まって、本を貸してるんだからなあ。

リサ：まあ、トーマス。「ここに集まって」って言うけど、ここ、あんたの家でしょ。

「私」と「私」で
しくみをつくる

> ジュリアさん、パクト氏を訪ねる

　秋のある日、弁護士のジュリアさんは久しぶりに、自分の卒業した大学を訪ねました。大学には昔の同級生がいて、法律を教えています。「夏の法律教室」で講師をしてくれたパクトさんです。そのパクトさんに会うために、ジュリアさんはやってきたようです。

ジュリア：こんにちは、パクトさん。

パクト：やあ。ジュリアさんが大学に来るなんて、めずらしいね。何か、仕事のことで相談？　ボクにわかることだといいけれど……。

ジュリア：そうじゃないの。ちょっとおもしろいことがあって。来年の「夏の法律教室」で、その話が授業の題材になるかもしれない。だから、パクトさんに話して、意見を聞いておこうと思ったの。

パクト：どんな話なの？

ジュリア：カエル王国の王子のこと、おぼえてる？

パクト：おぼえてますよ、けぐり君でしょ。

ジュリア：そのけぐり王子が、「夏の法律教室」が終わったあとで、トーマスたちにカエル王国の本を送ってくれたのよ。

パクト：最初はケンカしていたみたいだけど、トーマス君、けぐり君となかよしになったからね。王子も「夏の法律教室」が気に入ったみたいで、ボクのところにもお礼の手紙が来ましたよ。

ジュリア：ちょっと変わった王子だったけど、いい子だったわよね。

パクト：きみのこと、「マダ〜ム」なんて呼んでね。で、その送ってくれた本が、どうかしたの？

ジュリア：本は30冊もあってね、トーマスたちは大喜びだったんだけど、校長先生が、「読み終わったら学校の図書室に寄付してくれませんか」っておっしゃって。

パクト：トーマス君たちは、寄付したくないと言うの？

ジュリア：というよりも、「自分たちで図書室を作って、サル山学園以外の人にも読んでもらいたい」って言いだしたの。

パクト：自分たちの図書室か。うまくいけば、おもしろいかもね。

ジュリア：そう、うまくいけばね。

パクト：でも、うまくいかないというのも、いい経験になるかもしれないですね。やってみる価値はあるんじゃないのかな。

ジュリア：私もそう思ったの。これはいい勉強の機会じゃないかと。

パクト：そうですね。自分たちでルールを作って、そのルールに従って図書室を運営する。それがみんなの役に立つ。うまくいけばいいし、もし何かトラブルがあっても、ルールに従ってそれを解決できれば、それもいい経験だと思うな。

ジュリア：私は「自分たちの図書室って、いいことばかりじゃないわよ」と話して、「いいことと悪いことを考えるように」って言ったの。

パクト：それは大事なことですね。そのうえで、いいことがたしかに実現できるように、悪いことをできるだけ減らせるように、自分たちでルールを作れるといい。

いいこともあれば
うまくいかないことも
きっとあるわね

ルールを作れるといいね
いいことが確かになるように
悪いことを減らせるようにね

ジュリア：私もそう思って、トーマスたちが図書室のルールを作るのを手伝ったの。それで9月の初めから、私の仕事部屋の本棚を使って、「けぐり文庫」がオープンしたのよ。

パクト：へ〜え。「けぐり文庫」って名前にしたんだ。で、その文庫はうまく行っているの？　それとも問題が続出？

ジュリア：その話をしようと思って来たんだけど、ちょっと時間がなくなっちゃったわね。あとは、メールでお話しするわ。それでいいかしら。

パクト：そうしてください。自分たちで図書室を作る、どんな約束をすればいいか。それを「夏の法律教室」で題材にしようってことはわかったから。いいアイデアだと思うんで、くわしい話はメールでね。

ジュリア：ありがとう。そうさせてもらうわ。じゃあ、また。

約束を守らせる工夫と力

　何日かあとになって、パクトさんのところに、ジュリアさんからのメールが届きました。

To：パクトさん
From：ジュリア

　パクトさん、こんにちは。このあいだはありがとう。今日はその続きです。
　トーマスたちが始めた「けぐり文庫」ですが、私がおもしろいと思ったのは「約束」ということについてです。おたがいに「約束」をすることで「しくみ」が創りだせることを、子どもたちが経験するのは、よいことだと思います。そのことは、大学でお会いしたときにも話題になりましたね。

私が大事なことだと思ったことが、もうひとつあります。この話をしようと思っていたんだけど、時間が足りませんでした。ルールが破られる、つまり、「約束」が守られないときに、どうするか。約束って、守ってもらえないと意味がないですよね。このことを、子どもたちも考えるようになったということです。
　発端は、ゴリラのバルボーが、本を返すのを忘れたという事件でした。バルボーから約束どおり本を返してもらうには、どうしたらいいか。子どもたちはこの点を真剣に考えていました。単純に「約束だから守らなければいけない」というだけでなく、約束を守らせるにはどうしたらいいのか。クラスのみんなの知恵も借りて、アイデアをしぼりだしました。
　みんなに言いふらすというような、他人の力を借りて「強制する」という方法。ほかに、本人が約束を守れるように「誘導する」、たとえば、貸出期限が来るまえに「明日が期限ですよ」と伝えるとか。あるいは、本人に約束を守らなければいけないと「意識させる」、たとえば、最初にペナルティ（罰則）を決めておくとか、約束が破られると起きてしまう困ったことを知らせておくとか、約束を守りますと紙に書かせるとか。いろいろあったわ。
　こういうアイデアを「夏の法律教室」にいかすことはできないかしら。パクトさんの意見を聞かせてください。

　追伸　その後、バルボーは本を返しにきたようです。

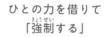

約束を守らせるには

ひとの力を借りて
「強制する」

みんな、あの人が
本を返さなーい

明日が期限ですよ

約束を守れるように
「誘導する」

かならず守ってくれよ
さもないと…

約束を守らなくちゃと
「意識させる」

パクトさんも、ジュリアさんに返事を書きました。

To：ジュリアさん
From：パクト

　ジュリアさん、メールを読みました。
　大学で民法を教えるときには、「『約束』のうち、法の力を持つものが『契約』である」と説明しています。ごぞんじのとおり、ここで「法の力」というのは、約束違反があったときに、裁判所にたのんで約束を守らせることができるということですね。トーマス君がバルボーの家に上がりこんで、自分で本をと

りもどすかわりに、裁判所にとりもどしてもらうわけです。

　でも、こうした「法の力」があるのは、どんな約束なのか。じつは、なかなか難しい。その点、子どもたちが、守られなければならない約束だと強く「意識させる」工夫をすると言っていたというのは、とてもいい指摘だと思いました。

　他方で、約束を破ってもしかたがない場合もあります。ジュリアさんのメールには出てきませんでしたが、子どもたちに質問したら、いろいろな答えが出てきそうです。たとえば、「本を返す日にバルボーが病気になったら」とか、「その日には返せないので1日待ってほしい、という連絡があったら」とか。

　私たちは、約束によって、よりよい「交換」を実現したり、よりよい「しくみ」を創りだすことができます。真剣な約束なら、守らなければならないと、みんなが感じている。同時に、どんな約束であっても、100パーセントかならず守らなければいけないというわけでもない。約束違反もしかたないと、やはりみんなが感じる場合がある。

　来年の「夏の法律教室」では、こんなことを考えられるといいですね。

　追伸　バルボーが本を返しにきて、よかったですね。

法律は「ひとつ」じゃない

3人のおとなたち

　秋も深まったある日、ダーツン教授の「法学入門」の公開授業がありました。この話を聞いたパクトさんは、見学に行きました。ジュリアさんも来ていることに気づいたパクトさんは、授業のあとでジュリアさんに声をかけて、いっしょにダーツン教授のところに行きました。

ダーツン：やあ、パクト君、来てくれたんだね。おや、友だちもいっしょか。どこかで会ったことがありますね。

ジュリア：パクトさんと同級生だったジュリアです。先生の授業は学生時代にも聴かせていただきました。

ダーツン：ああ、キミがジュリア君ですか。キミもわざわざ、どうも。ところで、今日の授業では、大学の図書館の規則をとりあげたけれど、キミたちにはあまりおもしろくなかったかな。

パクト：いえ、先生、予想以上におもしろかったですよ。

ジュリア：予想以上には失礼よ、パクトさん。

パクト：これは失礼。じつは、ジュリアさんといっしょに、来年の「夏の法律教室」のための準備をしてるんですが、たまたま、その材料が図書室のルールなので。

ジュリア：そうなんです、先生。お話はとても参考になったんです。

ダーツン：そうですか。それならよかった。まえから、図書館のルールというのは、法学入門に適した話題だと思っていたんだ。『としょかんライオン』なんて絵本もあるしね。ところでキミたち、少し時間はありますか。よければ、ビールでも飲みながら、どんなところが参考になったのか、少し聞きたいね。

パクト：先生、ごちそうしてくれるんですか？

ジュリア：パクトさんたら。

ダーツン：いいですよ。ビールぐらいなら。じゃあ、行きましょうか。

もうひとつの「法律」

ダーツン：では、まずは乾杯。

ジュリア&パクト：乾杯。

ダーツン：さて、キミたちにとって、参考になったのは、たとえばどんなところですか？

パクト：いくつかありますが、なんといっても、「法」と「法律」の関係、それに「契約」と「法律」の関係ですね。

ジュリア：これは、私たちにも難しくて。

パクト：先生は、図書館のルールをとりあげて、「これは法ですか」と問いかけられた。

ダーツン：図書館のルールは、国会が作った「法律」じゃないことは確かだね。でも、これを「法」と呼ぶことはできないか。できるとすれば、それはなぜか。これは法学を学びはじめるさいに、考えてみたほうがいいことだね。

パクト：そうなんです。図書館のルールは書かれてはいますが、それが「法の力」を持つかどうか。

ダーツン：ルールには、法律であることが明らかなものもある。でも、「法律」ではないけど、「法」と呼べるものはある。

ジュリア：そのことが少しわかったように思います。先生のお話によると、「法律」でなくても、人びとに「法の力」があるものとして受けとめられているルールは「法」なんですね。そして、その場合の「法の力」というのは、国、つまり裁判所が認めるのではなくて、社会が強制するのでもかまわない。

パクト：だから、たとえば図書館内でうるさくする人には出ていってもらう。それは「法律」ではないけれど、強制はできる。

ダーツン：たしかに、「図書館のルールは、法律ではなくて法だといえる」と話したけど、みんなが図書館のルールに従うのは、どうしてだろ

うね。

ジュリア：そうなんです。私たちも、その点に興味をもっているんです。子どもたちが自分たちの本を持ちよって図書室を始めたんですが、そのときに、子どもたちが相談して決めた図書室のルールって、「契約」ですよね。

ダーツン：パクト君からもその話は聞きました。「けぐり文庫」でしたっけ。その例はおもしろいですね。「契約」によってルールができていることがわかる。

パクト：先生の今日のお話だと、「法律」は、それを作った国民がみんな従わなければならない。「契約」は、それを結んだ個人だけが従わなければならない。その意味で「契約」は、いわば小さな「法」であるという話でした。

ダーツン：そうですね。なぜ、ルールが「法の力」を持つのか。なぜ、私たちは「法の力」を認めるのか。それは、自分たちが約束したからだ。その点では、法律も契約も変わらないというわけです。

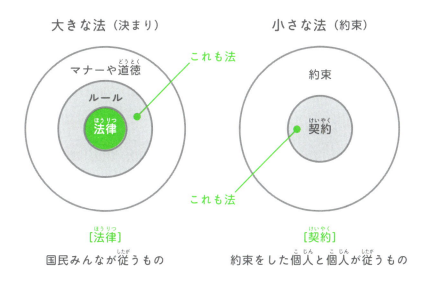

パクト：「法律」ということばは、せまい意味では、国会が作った条文のかたちをしたルールのことだけれど、「法の力」を持つルールは「法律」にはかぎられない。たとえば「契約」だってそうだ。先生はこれを「法」と呼ぶんですね。

ダーツン：まあ、それはもうひとつの意味、広い意味での「法律」と呼んでもいいがね。

パクト：カエル王国の昔からの慣習なんかも、広い意味では「法律」といえるわけですね。

ダーツン：カエル王国には、民法のルールはあるけれど、民法という名前の「法律」はない。パクト君が言うように、民法のルールのほとんどは、慣習や裁判所の先例で決まっている。これらも、全国民が従う大きな「法」だといえる。広い意味では「法律」と呼んでもいいと思う。

もうひとつの「なるほどパワー」

　3人は、ビールをもう1杯ずつ注文しました。
　話はさらに続きます。

パクト：おもしろかったと思ったふたつめは、「また貸し禁止」の話です。

ジュリア：先生のお話によると、大学図書館でも「また貸し禁止」のルールをはっきり決めているところと、そうでないところがあるんですね。ちょっと驚きました。

ダーツン：そうなんです。私が以前に教えていたサルダ大学、いまはパクト君が教えているわけだが、そのサルダ大学図書館には、「また貸し禁止」のルールがあった。ところが、いま私がいるモンキー大学の図書館には、「また貸し禁止」のルールはないんですよ。

パクト：先生は、また貸しはなぜ禁止されるのか、学生たちに意見を聞いていましたよね。学生のなかには「また貸し禁止というルールがある

からだ」と答えた人のほかに、貸した人の信頼や借りた人の責任にふれた人もいました。先生は、まえの意見は「形式的な理由づけ」、あとの意見は「実質的な理由づけ」だとおっしゃいました。「なるほど」と思わせる理由には、種類の違うものがあると。

ジュリア：そうそう。サルダ大学の図書館には、本をこわしても故意がなければ、つまり、わざとじゃなければ弁償しなくていいというルールがあるという話もされましたが、あれも驚きでした。もっと驚いたのは、先生がおっしゃったその理由です。

ダーツン：サルダ大学の図書館には、古い本が多くてこわれやすいから、過失による場合、つまりちょっとした不注意でこわれた場合にまで、弁償を求めることはしないのではないか。これは、理由は想像してみただけで、本当にそうだったのかどうかはわからない。ただ、ルールの趣旨

というのは、たとえば、このように考えることができるということだね。

パクト：ルールが作られるときに、「図書館にどんな本があるのか」「こわれやすい本かどうか」という実情が影響しているのではないか、というのがおもしろかったですね。これは理屈で考える「理由づけ」とは、またちょっと違うので。

もうひとつの「法の担い手」──法を教えるおとなたちへ

夜もふけて、まわりのお客さんたちも少なくなってきました。もうすぐお店も閉まりそうな気配です。

ダーツン：さあ、そろそろおしまいにして、私たちも引き上げましょうか。

パクト：そうですね。でも、最後にもうひとつ、お話ししたいことがあります。それだけ聞いてください。

ダーツン：なんですか。

パクト：さっきの「また貸し禁止」の話にもどりますが、また貸しを禁止するならば、はっきりしたルールを書けばいい。現に、そうなっている大学図書館もある。それでは、なぜ、どこの大学図書館でもそうしないのか。先生はそう学生に質問しましたね。

ジュリア：最初の学生は、「また貸ししちゃいけないのは当然だから」って答えていました。

パクト：そう。でも、別の学生は、「はっきり書いたルールがないのに、また貸し禁止って言えるのか」と言っていた。先生は「なぜそう言えるのか」も大事だけど、「なぜルールに書かないのか」と質問した。

ジュリア：学生はちょっと困っていましたね。先生は、「当然のことも書いたほうがいいと思いませんか」と、さらに質問しましたね。そして、「『当然のことは書かない』というのと『当然のことも書く』というのと、どちらがいいか、あとで考えておいてください」とおっしゃいました。

ダーツン：そうでした。ちょっと時間が足らなくなったんでね。

パクト：そのときに、「裁判官や弁護士など専門家向きのルールか、一般の人向きのルールか、ということもありますね」とつけ加えたでしょ？　あれがおもしろかった。

ダーツン：なんでも法律に書くという国は、「法律は国民の行動の基準だから、できるだけ国民にわかるようにする必要がある」と考えている。これに対して、必要なことだけ法律に書けばいいという国は、「法律は法律家が裁判をする基準だから、法律家なら知っているような当然のことは書く必要がない」、そう考えている。

ジュリア：いま思い出したんですけど、私、大学生のときに、先生の授業で、「サル山共和国にも、民法という法律がない時代があった」というお話を聞きました。

パクト：サル山共和国は、民法という法律を作ることによって、すべての国民に法律がわかりやすいように、という考え方を示したということですね。つまり、専門家向きから一般の人向きに変わった。

ジュリア：図書館のルールの話にもどると、「また貸し禁止」なんて当然のことを書かないのは、専門家向き、つまり図書館員向きのルール。書いてあるのは、一般の人向き、つまり利用者向きのルール、ということですか。

ダーツン：そういう面もありますが、むしろ、利用者のなかに専門家もいれば一般の人もいる、ということでしょうかね。利用者が制限されている研究所の図書館であれば、使う人は図書館になれている人が多い。だから、細かいことは書かなくてもわかる。でも、大学に入ったばかりの学生も使うような大学の中央図書館だと、そうはいかない。

パクト：そうなんです。同じように図書館といっても、使う人によって違うところがありますよね。法律も同じで、大学で教える法学は、先生のことばで言えば、専門家向きの話、裁判官や弁護士になる人のための法学ですよね。それとは別に、一般の人向きの話、市民のための法学もある。

ジュリア：そう。私たちが子どもたちに聞いてほしいのは、一般の人向きの話なんです。ねえ、パクトさん。

パクト：ええ。だから先生が、大学生に対する法学入門なのに、いわば一般向きの話をしておられたのが、すごく新鮮な感じがしたんです。

ダーツン：なるほど。たしかに、私は大学でも、一般市民向けの法学をまず教えて、そこから専門家向けの法学に進んだほうがいいと思っています。だから、キミたちの「夏の法律教室」のような小学生向けの法の教育の場合には、まず、一般市民向けの内容を考えるのがいいと思う。パクト君が、民法というできあがった法律の条文から教えるのではなくて、なぜ民法のルールが必要とされるのかという点から始めたのは、とてもいいと思います。

　でもね、法の世界は一般市民だけでできあがっているわけじゃない。専門の法律家がいて、裁判というしくみがある。専門家が支えているしくみがうまく動いて、はじめて「法の力」が効果を発揮する。

法の世界

専門家　　　　市民

パクト：先生のおっしゃるとおりですが、そういう話は、法学部に入学すれば、たくさん聞かされますよね。私も、だいたいいつも、学生たちにはそういう専門家向きの話をしています。でもときどき、それだけでいいのか、と思っているんです。

ダーツン：パクト君の言うことは、よくわかります。小学生にも大学生にも、市民として法を勉強してもらうことは必要です。ただ、大学生だけでなく小学生にも、裁判という独特なしくみのことは知っておいてほしい。法律のかたちになっている書かれたルールの意味を考えて、このルールがあてはまる事実があるかを探し、ルールに従うというかたちをとりながら、ひとつひとつの事件、1回かぎりの事件になんらかの答えを与える。ルールと判決からできている法の世界を支え、日々、社会のあり方を少しずつ変えているのは法律家ですよね。

ジュリア：法は一般市民だけでなく、私たち法律家によっても支えられているということですね。なんだか、私、自信が出てきました。

パクト：私のような法学の教授は、直接、事件を解決するのではないので、どんなところでがんばればいいのでしょうね。

ダーツン：それは私も、ずっと考えてきたことです。私がこれまで考えて来たことは、すべてパクト君に伝えたつもりなので、あとは、キミに考えてもらいたいですね。

ジュリア：先生からパクトさんへの宿題が出たところで、おひらきにしましょうか。もちろん私自身も、法律家が法の世界を支えているということを、子どもたちにもっと積極的に伝えなければと思いました。だから、私も宿題をいただいたと思っています。

パクト：ボクたちがふたりとも宿題を出されたって知ったら、子どもたちは、なんて言うだろうね。

ダーツン：私自身もふくめて、人はいつまでも学びつづけるということですよ。

本を借りたのは だれ？

「また貸しはダメ」 と言えるか、 言えないか

第4話のおもな登場人物 ▶

トーマス　ヤスヒコ　リサ　バルボー　ジュリアさん　パクトさん　ダーツン教授

はっきりしたルールがないときは？

> 「また貸し禁止」って決めたっけ？

　12月になりました。冬休みまでもう少しです。ヤスヒコ、トーマス、リサは、カエル王国からプレゼントされた本を貸し出すために、トーマスの家の1階で図書室を開いています。正確に言えば、図書室はジュリアさんの仕事場の片隅にあります。

　日曜日になるとこの小さな図書室には、人数は多くありませんが、カエル王国の本を読みたい人びとが集まります。みんな楽しそうに本を手に取り、借りていきます。でも、思ってもみなかった問題が起きること

もあるようです。

　ある日曜日のこと。「けぐり文庫」と名づけられたこの図書室に、ヤスヒコ、トーマス、リサの3人が集まっています。

リサ：あら、ヤスヒコ、どうしたの？　元気ないじゃない。また、何か問題が起きたの？
トーマス：なんだ、なんだ。また、バルボーが本を返さないのか？　あのときは、返してもらうまでに大変だったな。あれで一度、貸出停止になったのに、こりないやつだな。
ヤスヒコ：そうじゃないんだ。バルボーが借りた本が返ってきたんだ。
リサ：あら、そう。じゃあ、よかったじゃない。いつも、バルボーを疑ってはいけないわね。
ヤスヒコ：そうなんだけど、ちょっと困ったことがあるんだ。さっきここに来ていた人がいて……。
トーマス：そういや、オレが来るとき、出ていったやつがいたな。
ヤスヒコ：その人が、バルボーが借りていった本を返しにきたんだよ。
リサ：かわりに返しにきたってこと？
ヤスヒコ：それがそうじゃなくて、どうも、借りた本をほかの人に貸したらしくて、その人が返しにきたみたいなんだ。
リサ：それって、「また貸し」したってこと？
ヤスヒコ：そうらしいんだ。
トーマス：借りた本を返しにきたんだろ。それでいいじゃん。
リサ：そういうわけにはいかないわ。
トーマス：なんでだよ？　ほかのやつが返しにきちゃいけないのか？
リサ：「返してきて」って、たのんだだけならいいわ。でも、「また貸し」は困るわよ。
トーマス：だから、なんでだよ？
ヤスヒコ：勝手に「また貸し」されたら、その本は、いまだれが持って

いるのか、わからなくなる。それが原因で、本がなくなったりするだろうし。
リサ：アタシたちはバルボーを信頼して、バルボーに貸しているのよ。

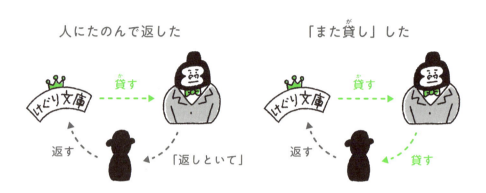

トーマス：まあ、そういや、そうかもしれないな。じゃあ、バルボーに、「また貸しするようなやつには、もう貸さないぞ」って言うか？　ヤスヒコ、おまえ、言え。
リサ：そうねえ、ルール違反だから、「ルールは守ってください」って、言ったほうがいいかもしれない。
ヤスヒコ：そうかんたんにいくかどうか……ボクには自信がないんだ。
トーマス：おまえ、バルボーのことが怖いんだな。
リサ：バルボーって、話をすればわからない人じゃないわ。見かけはちょっと怖そうだけど。
ヤスヒコ：そういう問題じゃないんだ。
トーマス：じゃあ、なんだよ。
ヤスヒコ：「また貸しをしてはダメです」って、ボクたち、決めたかなって思って……。
リサ：そう言われれば、決めてなかったかもしれないわね。

トーマス：決めてあってもなくても、「また貸し」はダメなんだろ。
ヤスヒコ：でも、ルールが決まっていないのに、ダメだって言ってしまっていいのかな。
リサ：トーマス、今日は、ジュリアさんはいないの？
トーマス：オレのママ？　たぶんいるはずだよ。2階を見てくるよ。

> 貸出ノートに名前を書くのは、なぜ？

　しばらくすると、トーマスはジュリアさんといっしょに、文庫にもどってきました。

リサ：ジュリアさん、わざわざ来てもらってすみません。
ジュリア：どうしたの、みんな。けぐり文庫のルールについて、もめてるんだって？
ヤスヒコ：もめてはいません。でも、ちょっと困ってるんです。じつは、バルボーが本を「また貸し」してることがわかったんです。
トーマス：だから、バルボーに、「また貸しは禁止だぞ」と言ってやればいいんだ。
ヤスヒコ：そうなんだけど、けぐり文庫のルールのなかには、「また貸しをしてはいけません」というルールがなかったんじゃないかと思って。
ジュリア：で、ヤスヒコ君は、ルールがあるかないかを、どうして気にしているのかな？
ヤスヒコ：ルールがないのに、他人を罰してはいけないでしょ。
リサ：そういえば、そんな話、まえにしたことがあったわ。
ジュリア：たしかにそうだけど、まず、けぐり文庫のルールがどうなっていたか。それを確認する必要があるわね。
ヤスヒコ：トーマスがジュリアさんを探しにいっているあいだに、ボク、ルールを見直してみたんですが、「また貸しはダメ」というルールはあ

りませんでした。

ジュリア：なるほど、そこは決めてなかったのね。で、みんなは、「また貸し」はダメだと思うの？　かまわないと思うの？

リサ：そこで意見が分かれてるんです。トーマスは「ダメだ」と言うんですけど、ヤスヒコは「ルールを決めてない以上、ダメだとは言えない」って。

ジュリア：なるほど。リサちゃんは、どう思うの？

リサ：アタシは……最初はトーマスと同じ意見だったけど、ルールが決まっていないなら、ダメだとは言いにくいでしょ。だから、ヤスヒコと同じ意見かなあ。

トーマス：ちぇっ。オレ、少数派かよ。じゃあ、いいよ、「ダメって言えない」ってことで。

ジュリア：そうかんたんに結論を出さないで、よく考えてみましょうよ。トーマスが、「また貸しはダメだ」って思うのは、どうしてかしら？

トーマス：だって、リサもヤスヒコも、ほんとはダメと思ってるんだろ？

リサ：ほんとはダメだと思うよ。でもね……。

ヤスヒコ：ルールがなかったんだから。

ジュリア：本当にルールはなかったのかな？

リサ：どういうことですか？

ジュリア：リサちゃんもヤスヒコ君も、最初、「また貸しはダメだ」と思ったのは、なぜかな？

リサ：だって、「また貸し」って、よくないことでしょ？

ヤスヒコ：本がなくなるかもしれないし、「また貸し」した人は無責任だと思うし。

ジュリア：みんなは本を貸すとき、だれに貸してるのかな？

リサ：だれって。借りたい人です。

ジュリア：借りたい人って、だれのこと？

リサ：その本を借りたい人です。たとえば、この本はバルボーが借りて、ほかの人に「また貸し」した本だけど、借りたのはバルボーです。

ジュリア：「本は、借りた人に貸した」というルールは決めたの？

ヤスヒコ：決めていません。

ジュリア：どうしてかな？

トーマス：だって、それ、当たりまえだろ。

ヤスヒコ：本を借りるときには、貸出ノートに名前を書いてもらっています。これはルールを決めてあります。そうすると、ノートに名前を書いた人が借りた人です。

ジュリア：だから、みんなはバルボーにこの本を貸した。すると、この本を借りたのはバルボー。だとすると、「また貸し」してもいいのかな。

リサ：ほかの人にじゃなくて、バルボーに貸したんだから、ダメ。そう言えるってことですか。

ヤスヒコ：そうすると、トーマスの意見も成り立ちそうですね。「その

人にだけ貸す」というルールがあるから、「また貸し」はルール違反だって。

リサ：でも、「その人に貸す」とは決めてあるけど、「ほかの人には貸さないように」とは決めてない。それでもいいんですか。

トーマス：なんだか、めんどうな話だなあ。

ジュリア：そうね。じゃあ、おやつの時間。キッチンに移って、食べながらもう少し考えてみましょう。

⇒「また貸し」はルール違反だといえる？

「また貸しはダメ」と言える？

　トーマスの家のキッチンです。冷蔵庫のとなりには黒板があります。この黒板には、ふだんは料理のレシピや家族への伝言が書かれています。でも今日は、つぎのように書かれています。

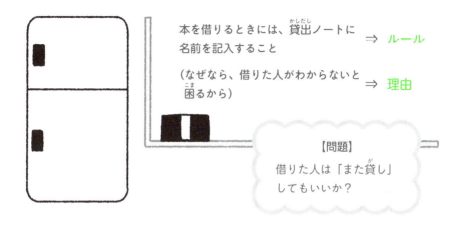

ジュリア：さあ、黒板を見てね。実際にルールに書かれているのは、貸出ノートに名前を記入することでしょ。たとえば、貸出ノートに名前を書かずに本を借りたら？

リサ：それはルール違反ですよね。ルールが決まってるんだから。

ジュリア：ルール違反だと、どうなるの？

リサ：たとえば、本を返してもらうように言えるし、返してくれなければ、貸出停止にできます。

ジュリア：そうだったわね。名前を書かずに借りるのが、ルール違反になるのはなぜかしら？

ヤスヒコ：黒板に書いてあるように、借りた人がだれだかわからなくなるからです。

ジュリア：そうね。じゃあ、本を「また貸し」するのは、どうかしら？

トーマス：だから、「また貸し」はルール違反だろ？　だから、バルボーは貸出停止だ。

リサ：でも、トーマス。バルボーは名前を書いて借りてるわ。

ヤスヒコ：そうなんだ。だから、その点ではルール違反じゃないんだ。

トーマス：だって、「本はその人だけに貸したんだから」って、おまえら言ってたろ。あれはどうしたんだよ。

ジュリア：トーマスにしては、いい点に気づいたわね。
ヤスヒコ：「貸出ノートに名前を書く」は、ルールに書いてある。でも、「本をまた貸ししてはいけない」は、ルールにははっきりと書いていない。う〜ん、何が問題なのかな。わかるようで、わかりません。
ジュリア：ちょっと難しいかもね。こう考えてみたらどうだろう。

ジュリア：②のルールを作ったのは「何のためか」。つまり目的ね。それは、「借りた人がわかるようにするため」。で、②のルールは紙に書いてあった。それと、もうひとつ、書いてないけれども、①のルールがある。①のルールがあるのは「なぜか」といえば、「その人を信用したから」。それが理由よね。……ここまではいいわね。

ジュリアさんが、3人の顔を見まわします。

みんな：はい。
ジュリア：じゃあ、①のルールと②のルールは、どっちが大事かな？
トーマス：ルールだから、どっちも大事だろ。
ヤスヒコ：でも、①のルールと②のルールって、ジュリアさんは言うけれど、①はルールなのかなあ。
リサ：それって、どういうこと？
ヤスヒコ：だって、①のルールに違反するって、どういうことなの？
ジュリア：いい点に気づいたわね。①は、ルールというよりも、前提とか原則って呼んだほうがいいかもしれないわね。そうすると、さっきの質問は、「①の原則と、②のルールの関係は？」って言いかえられるわね。これだと、どうかしら？

---

① 本はその人に貸している　　　⇒　**原則**

② 本を借りるときには
　　貸出ノートに名前を記入すること　⇒　**ルール**

ヤスヒコ：う〜ん。①があるから、②が必要になるのかなあ？　②は①を前提にしている、ということですか？
ジュリア：まあ、そう言っていいでしょうね。そう考えると、「問題」にはどう答えればいいのかしら？　いくつか考え方がありそうだけど、みんなはどう思うかな？　ええと——

　ジュリアさんは黒板を消すと、新しくこう書きました。

③ また貸しは　　A「してもかまわない」

　　　　　　　　B「してはいけない」

　　　　　　　　C「○○○○○ならば、してもかまわない」
　　　　　　　　　（なぜなら、○○○○○だから）

ジュリア：さあ、これは宿題。冬休みにでも考えてみるといいわ。
トーマス：また、ルール作りの宿題かよ。
ジュリア：そうね。でも、このあいだの問題とは、ちょっと違うのよ。その違いも考えてみてね。

だれが借りたかわからない！

> **借りたおぼえはない**

　冬休み直前の日曜日の午後のことです。ヤスヒコ、トーマス、リサの3人組が、けぐり文庫に集まっています。クリスマスが近いので、小さなツリーも飾られています。でも、3人はあまり楽しそうではありません。

リサ：ヤスヒコ、それは困ったわね……。
トーマス：返せないっていうなら、弁償してもらえよ。
ヤスヒコ：いや、そうじゃないんだ。「そもそも借りたおぼえがない」って言うんだ。
トーマス：あいつは忘れっぽいやつだからな。でもよ、これで3度目だぞ。最初のときは返すのが遅れて、このまえは「また貸し」。今度は「借りてない」っていうのか？　わざと知らないふりをしてるとか。
リサ：バルボー、そんなに悪い人じゃないわ。
ヤスヒコ：でも、貸出ノートには、バルボーの名前が書いてあるんだよ。それなのに、「貸出期限が来ていますから、返してください」って言ったら、「そんな本は知らない」って。
トーマス：困ることないって。バルボーが本を借りた。借りた本は決まった日までに返す。それがルール、そういう約束だろうって。そう言ってやればいいんだ。
ヤスヒコ：ボクもそう思って、そう言ったんだ。
リサ：でも、バルボーは、「借りていない」と言うのね。
ヤスヒコ：そうなんだ。だから、困ってるんだ。

トーマス：おまえたち、なに？ あのけぐりんだったら、言うぞ。だから、おまえらは頭が悪いって。借りた人がだれかはっきりさせる必要がある。そのために貸出ノートがあるんだろって。

ヤスヒコ：トーマスの言うとおりなんだけどね……。

トーマス：よし、オレが、バルボーの目の前に、このノートをばんと突きつけて言ってやるよ。ここに証拠があるだろって。

　そのとき、部屋のドアが開きました。

リサ：あっ、バルボーが来たわ。

名前を書いたおぼえはない

バルボー：お、おまえたち。本を返しにきたぞ。

ヤスヒコ：バルボー、こんにちは。このあいだの本、ありましたか？

バルボー：やっぱり家にはなかった。オレは借りてないってことだ。

リサ：ちゃんと探したんですか？

バルボー：うん、ちゃんと探した。だけどなかった。だから借りてない。借りてた本は、持ってきたこの1冊だけだ。これでいいな。

リサ：バルボーって、字、読めますよね。ここに書いてあるのは、だれの名前ですか。

バルボー：オレ、字は苦手だけど、それくらいは読める。それ、バルボー、だろ。

トーマス：そう、あんたの名前。

バルボー：そう、オレの名前だ。だから、どうした。

ヤスヒコ：これは、けぐり文庫の貸出ノートです。本を借りるときに、本の名前と借りた人の名前を書いてもらっています。借りた日もわかるようになっています。

バルボー：知ってるよ。オレも書いてるもん。

リサ：だから、この本はバルボーが借りたんですよね。なのに、どうして、借りてないって言いはるんですか？

バルボー：それ、オレの名前だけど、オレは書いたおぼえがない。ほんとにオレが書いたのか？

トーマス：あんたの名前を、ほかにだれが書くんだよ。

バルボー：ふ〜ん。たとえば……おまえとか？

ヤスヒコ：ともかく、バルボーは、借りてないと言うんですね。

バルボー：おまえら、もう一度、よく探せ。とくにおまえだ、トーマス。家のなかをよーく探してみろ。ついでに大掃除もしとけ。じゃあな。メリー・クリスマス、だ。

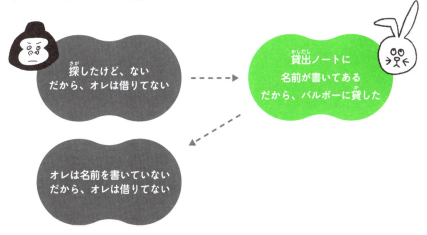

だれが名前を書いたのか

バルボーが行ってしまったあと、入れ替わりにジュリアさんが入ってきました。

ジュリア：さあ、みんな。けぐり文庫も、もう閉館の時間でしょ。これで年内はお休みね。9月からいままで、よくがんばったわ。クリスマスにはちょっと早いけど、ケーキがあるからいっしょに食べましょうよ。

リサ：ジュリアさん、ありがとうございます。でも、アタシたち、まだ解決しなきゃならない問題が、ひとつ残ってるんです。

ジュリア：あら、どうしたの？

トーマス：バルボーのやつが、また本を返さないんだ。

ヤスヒコ：というよりも、「借りてない」って言うんです。

ジュリア：でも、貸出ノートがあるでしょ。借りたか借りてないかは、わかるじゃない。

ヤスヒコ：そうなんですけど、貸出ノートに名前を書いたおぼえもないって。

トーマス：で、あいつ、オレが「バルボー」って書いたんじゃないかって。バカ言っているよ。

ジュリア：なるほど。そういうことなの。

リサ：こんな場合、どうすればいいんでしょう？

トーマス：決まってるだろ。借りた人は返す。ルール以前の話だろ。

ジュリア：ちょっと待って、トーマス。問題は、バルボーがその本を借りたかどうかよ。

ヤスヒコ：ボクたちは「貸した」と言い、バルボーは「借りてない」と言っています。

ジュリア：両方の言い分が対立しているわけでしょ。こういう場合には、どうすればいいのかしら？

トーマス：警察に訴える。じゃ、ないか？

リサ：やっぱり、裁判ですか？

ジュリア：そのまえに、もう少し考えてみる必要があるわ。あなたたちはバルボーに、「本を返せ」って言ったわけね。

ヤスヒコ：そうです。「あなたはけぐり文庫の本を借りた。だから、返してください」って。

ジュリア：そう。「だから」の部分が大事よ。あなたたちが「返してください」と言えるのは、「バルボーがけぐり文庫の本を借りた」ってことが言える場合よ。

リサ：貸出ノートに名前が書いてあるんだから、「借りた」って言えますよね。

ヤスヒコ：そうかんたんに言えるのかなあ……。

ジュリア：ヤスヒコ君は、どうしてそう思うの？

ヤスヒコ：だって、バルボーは、「名前を書いたのは自分じゃない」と言ってますから。

ジュリア：で、あなたたちは、バルボーが書いたと思っている。

リサ：じゃあ、バルボーが、本当に自分で名前を書いたかどうかが問題

ですね。
ジュリア：リサちゃん、いい線いってるわ。
トーマス：捜査（そうさ）が必要か。じゃあ、やっぱり警察（けいさつ）に訴（うった）えるか。
ジュリア：本がぬすまれたなら、犯罪（はんざい）だから警察（けいさつ）の出番よ。でも、まだぬすまれたと決まったわけじゃないわ。バルボーが借りていて、そのことを忘（わす）れているだけかもしれない。
ヤスヒコ：まず、バルボーが借りたかどうかをはっきりさせる。そのためには、貸出（かしだし）ノートに名前を書いたのがバルボーかどうかをたしかめる。そういうことですね。
ジュリア：そうね。そのためにはどうすればいいか。ケーキを食べながら、考えたらいいわ。

「本を返して」と言いたい

それには……
- バルボーが本当に借りたかどうか、たしかめる

そのためには……
- バルボーが本当に名前を書いたかどうか、たしかめる
⇒たしかにバルボーだったと証明（しょうめい）できれば「返して」と言える

　3人は、けぐり文庫のある部屋（へや）の戸じまりをして、2階に上がっていきます。冬の日暮（ひぐ）れは早く、外は冷えてきました。小雪も降りはじめたようです。カエル王国でも、池に氷が張（は）っているかもしれません。

「法律の解釈」と「事実の証明」

クリスマス会への招待状

　年内最後の貸出日も終わって、冬休みのあいだ、「けぐり文庫」もお休みです。でも、リサたちは、文庫が始まってからの4か月間の反省会もかねて、クリスマス会を開くことにしたようです。

　それだけではありません。この会には、ジュリアさんやパクトさんも参加するようです。なぜって？　その理由は、ジュリアさんからパクトさんへの招待メールに書かれています。

　To：パクトさん
　From：ジュリア

　　パクトさん、お元気ですか？　今日は、「けぐり文庫」からパクトさんに招待状をお送りするために、メールを書いています。
　　このまえの日曜日を最後に、けぐり文庫は冬休みになりましたが、トーマスたちは私たちに相談したいことがあると言っています。「私たち」というのは、パクトさんと私のこと。
　　そこで、けぐり文庫の反省会兼クリスマス会を開くので、パクトさんにも来てもらって、アップルパイを食べたあとに、相談に乗ってもらいたいということのようです。私たちおとなを、お菓子でつろうというわけです。しかも、そのアップルパイを作るのは、この私……。

くわしい話はあとであらためてメールしますが、相談の内容はとても法律的なんです。だから、パクトさんの手助けが必要です。ちょっとだけでも来てもらえるとうれしいです。

このあと、ジュリアさんからは、くわしいメールがもう1通届きました。パクトさんはつぎのような返事をしました。

To：ジュリアさん
From：パクト

ジュリアさん、了解です。アップルパイをごちそうになりに行きます。

トーマス君たちは、「法律の解釈」、それと「事実の証明」という問題に直面しているみたいですね。

「人格」や「財産」を大事にするとか「契約」を守るというのは、どんなルールが、なぜ必要か、という話でしたが、今回の問題は、「現にあるルールを、どのように適用するか」という話ですね。

これは、専門的なところもあって、ちょっと難しい問題かな。けぐり文庫で、小さな「冬の法律教室」を開いて、いっしょに考えてみましょう。

ルールには例外がある――「また貸し」をめぐって

　クリスマス・イヴの日の昼すぎ、けぐり文庫のあるジュリアさんの仕事場には、トーマス、リサ、ヤスヒコの3人組、それにジュリアさんとパクトさんが集まっています。ちょうど反省会が終わったところです。

リサ：3時のおやつにはまだ早いんで、続けて、このあいだのバルボーの話をしちゃいましょうよ。
トーマス：おやつって、ママのアップルパイだろ？　オレ、早く食べたいよ。
ジュリア：トーマス、ぜんぶ話が終わってから、食べたほうがおいしいわよ。せっかくパクトさんも来てくれているんで、この話をすませてから、クリスマス会ってことにしましょうよ。
ヤスヒコ：そのほうがいいと思います。トーマスも、それでいいだろ？
トーマス：ちぇっ。でも、楽しみはとっておいたほうがいいか。
パクト：じゃあ、いいかな。問題はふたつあるようだけど、まず、ルールの解釈の話から始めようか。「また貸しはダメだ」って、バルボーに言っていいんだろうか。ヤスヒコ君はそう思っていたんだよね。
ヤスヒコ：そうなんです。けぐり文庫のルールに、「また貸しはダメ」ってはっきり書いてあればいいんですが、そうじゃなかったんで。
リサ：でも、「貸す相手を信頼して本を貸す」という原則からすると、はっきり書いてなくても「また貸しはダメ」ってことになるんじゃない？　ジュリアさんが黒板に書いてくれて、みんなで考えたわよね。
トーマス：でもさ、ママは、最後になんか、またルール作りの宿題みたいなのを出さなかったっけ？
ジュリア：あら、トーマス。あなたも、宿題をおぼえていることがあるのね？　安心したわ。

> **このあいだの宿題**
>
> また貸しは　A「してもかまわない」
>
> 　　　　　　B「してはいけない」
>
> 　　　　　　C「○○○○○ならば、してもかまわない」
>
> 　　　　　　　（なぜなら、○○○○○だから）

ヤスヒコ：ジュリアさんのあの宿題、あとで考えてみましたが、「また貸しはダメだとしても、例外はないか」を考えたほうがいい。そういうことですか？

ジュリア：そう。

パクト：トーマス君は「また貸しはダメ」派だったよね。そうだとして、例外になるのは、どんな場合かな？

トーマス：う〜ん。「また貸しはダメ」ってルールに、例外なんてあるかなあ。

リサ：アタシもそう思うけど、「また貸しだけど、また貸しじゃない場合」はあるかも？

トーマス：なんだよ、それ。

リサ：アタシたちはバルボーを信頼して、本を貸したでしょ。その信頼が裏切られないような「また貸し」ならば、「また貸し」とはいえないんじゃない？

トーマス：そんな「また貸し」、あるのかよ。

ヤスヒコ：バルボーには妹がいるけど、妹に貸したんだったら？

リサ：そうよね。バルボーに返してって言えば、バルボーが妹からとりもどして、返してくれるでしょうから。

パクト：ヤスヒコ君は、「また貸しダメとは言えない」派だよね。「でもやっぱりダメ」という場合はないのかな？

ヤスヒコ：たまたま「また貸し」をしても、信頼は裏切られないけど、いつもいつも「また貸し」をしてたら、ちょっと問題ですね。

トーマス：あとさ、貸出停止になったやつに貸すために、かわりに借りるとかか？

ジュリア：トーマスは、悪知恵だけは働くわねえ。ともかく、「また貸しダメ」賛成派も反対派も、「ダメとは言えない場合がある」という点では一致したみたいね。

原則：「また貸し」はダメ

例外：信頼が裏切られない場合は許される
　　　：たまたまだったら許される

原則：「また貸し」はダメとは言えない

例外：いつもやってたらダメ
　　　：わざとやったらダメ

どちらの主張も「ダメとは言えない場合がある」という点では一致しているわね

「信頼を大きく裏切るようなまた貸しはダメ」という点も共通してる

パクト：「また貸しはダメ」というルールがあるとして、そのルールがあてはまる場合はどんな場合で、あてはまらない場合はどんな場合か、ルールの目的を意識しながら考えていく必要があるね。

ヤスヒコ：「また貸しはダメ」というルールがあるとは言えないとして

も、「貸している人の信頼を裏切ってはいけない」という原則は変わらないから、大きく信頼を裏切るような場合は、「また貸し」は許さない。そういうことにもなりますね。

リサ：バルボーが「また貸し」した人、だれだったのかしらね。

ジュリア：そう。それをはっきりさせないとね。

事実を証明する――借りたのはだれ？

パクト：その話は、つぎの問題につながってくるね。みんな、だれに「また貸し」したのか、事実が明らかにならないと、ルールはあてはめられないことがわかったよね。ここで「事実の証明」という問題が出てくる。

ヤスヒコ：貸出ノートに名前を書いたのが、バルボーかどうか。バルボーが書いたと証明できれば、バルボーに「返してください」って言えるけれど、証明できなければ、言えない。そういうことですね。

リサ：それはよくわかるわ。でも、どうやって証明するの？

トーマス：バルボーがさあ、自分が書いていないって言ってんだから、

そのことをバルボーに証明させればいいじゃん？

パクト：それは、だれが証明するかという問題だね。トーマス君は、バルボーが証明するべきだと思うわけだね。

トーマス：オレはそう思うよ。

ジュリア：ほんとに、それでいいと思う？

リサ：それじゃ、ダメなんですか？

パクト：たとえば、ボクがトーマス君に、「このまえ貸した1000円、返してくれ」と言ったとするよね。で、トーマス君はどうする？

トーマス：パクト先生、オレ、先生に金なんか借りてないじゃん。

パクト：そうかもしれないけど、証明できるかい？　たとえば、ここに君の名前が書いた借用書があったとしたら。

トーマス：突然そんなこと言われても、オレ、知らないよ。

パクト：そうだろうね。でも、バルボーも、同じように思っているかもしれないよ。

ヤスヒコ：そうすると、本を返せとか、お金を返せと言うがわの人が、相手が本当に借りたことを証明するほうがいいですね。

リサ：でも、どうやって証明するの？

ヤスヒコ：あのあと、ボクは貸出ノートを調べてみたんだけど、バルボーの字とは、ちょっと違うみたいなんだ。

リサ：え〜。じゃあ、ニセのバルボーってこと？

ヤスヒコ：そうかもしれない。少なくとも、あれをバルボー本人が書いた字だと証明することは難しい。

パクト：そうだね。バルボーが書いた字にまちがいないと言えれば、バルボーが借りたということは証明できるけれどね。

トーマス：じゃあ、だれが書いたんだよ。

ジュリア：もし、バルボー以外の人だったら、あなたたちはバルボーにあやまらなきゃ。

リサ：ほんとだ。冬休みのあいだにたしかめなくちゃ。

トーマス：それじゃ、いよいよ、お菓子の時間だな。

解説 パクト君への手紙 ②

パクト君へ

　先日は、思いがけず、きみとジュリア君に会うことになりましたが、なかなか愉快なひとときでした。また、年賀状のかわりにいただいた、ずいぶん長い手紙も、興味をもって読ませてもらいました。

　きみの手紙に書いてあった「けぐり文庫」のことについて、私の感想を伝えようと思います。このまえの手紙が、小学生にもわかる文章になっていたかどうか自信がありませんが、今回もできるだけわかりやすく書くようにつとめます。

　このまえにきみに送った手紙と同じように、きみとジュリア君の会話ではあまりふれられていないことを取り上げるようにするつもりです。きみたちが言うように、「けぐり文庫」のことは、来年の「夏の法律教室」のいい題材になると思います。私の感想が、きみたちに役立つことを期待しています。

「国の力」と「社会の力」

　まず、「国の力」と「社会の力」ということを話そう。子どもたちも知っていることばを使うなら、「国の力」、つまり国家の権力は、「立法・行政」と「司法」に分かれる。私の話もふたつに分かれる。

ひとつめは、国の力のうち、「立法・行政」にかかわる。

きみの手紙によると、子どもたちは、自分たちで図書室を作ることと国や地方自治体が図書室を作ることを比べたようだね。国や自治体の図書館（公立図書館）は、税金を使って運営されている。働いているのも、国や自治体に雇われた人だ。だから、急に図書館がつぶれたり、職員がいなくなったりすることは、ふつうはない。これに対して、個人やグループが運営する図書館（私立図書館）には、お金の面でも、働く人の面でも、不安定なところがある。もちろん大きな図書館もあるが、小さな図書館が多いだろう。

こうして見ると、図書館は公立のほうがいいのではないか。そう考えた子どもたちも多かっただろうね。しかし、公立図書館は、法律や条例に従って国や自治体が運営しているので、その運営のしかたを変えるのはかんたんではない。この点、私立図書館ならば、柔軟な対応が可能だ。「けぐり文庫」はトーマス君たち3人組が相談すれば、かんたんに運営のしかたを変えることができるからね。置いてある本だって、カエル王国の本にかぎることができる。いろいろな人が、いろいろな本を借りに来る公立図書館では、なかなかそうはいかない。

	公立図書館	私立図書館
人手	ある	足りない
お金	ある（税金）	足りない
運営のしかた	変えにくい	自分たちで決められる
置く本	種類も数も必要	自分たちで決められる

もっとも、だから公立図書館はいらない、と言う人はいないだろう。公立図書館がなければ困る。でも、私立図書館もあったほうがいい。公立と私立。これは図書館にかぎったことではないね。学校にも、病院にも、電車やバスにも、公営と私営がある。そして、私立・私営のしくみを作るのには、人びとが交わす「契約」が大事になってくる。だから、契約に関する民法のルールも重要な意味をもつことになるというわけだ。たくさんの私立・私営のしくみがあるというのは、社会の力が強く働いているということだともいえる。

　ふたつめは、国の力のうち、「司法」にかかわる。
　司法というのは裁判所のことだね。きみたちも話していたように、契約が守られないとき、私たちは裁判所に訴えて、相手に契約を守らせることができる。これは国の力によって、契約を実現するということだ。このまえの手紙で書いたように、国は、個人に自由に契約をさせる。しかし、それだけではなく、個人が結んだ契約をそのとおりに実現してくれる。「自律」や「自治」を支援してくれると言ってもいいね。
　もちろん、国の力を借りなくても、社会の力によって、契約を実現することができる。裁判所に訴えられることがないとしても、多くの人は契約を守るだろう。そうしないと、自分自身がすっきりしないし、他人の信用も失うことになるからね。それでも約束を破る人はいる。そういう人に対して、「自分の気持ち」とか「他人の信用」と言ってみても、あまり効果はない。そうなると、最後は国の力に頼らざるをえない。とはいえ、「多くの人は社会の力によって約束を守る」ということは大事な点だね。

「約束」と「法の力」

　つぎに、約束が持つ「法の力」について考えよう。

「約束」のなかにはいろいろなものがある。きみの手紙にも書かれていたが、これは大事な点だね。すべての約束に「法の力」があるわけじゃない。ここでも、ふたつに分けて話をしよう。
　ひとつめは、約束の種類によって、「法の力」は違うということだ。たとえば、モノを「買う約束」と「もらう約束」とでは、これを実現してくれる「法の力」に違いがある。
　お金を払って買う約束をしたのだから、モノをください——このときの「法の力」は大きい。でも、お金を払わずにもらう約束をしたときには、それほどではない。モノを「返す約束」と「借りる約束」についても、同じように、「法の力」に違いがありそうだ。

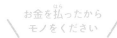

約束が守られて実現する力＝法の力

強い力をもつ約束

弱い力の約束

「返す約束」の法の力
「借りる約束」の法の力
どちらが強いだろう？

ふたつめは、同じ種類の約束でも、「法の力」を強めたり弱めたりすることができるということだ。手紙によると、きみの教えた子どもたちは、このことを理解しているみたいだ。どうすれば約束を守らせることができるかというのは、どうすれば約束の「法の力」を強めることができるかということと、つながっているからね。

　ここでひとつ、大事なことを言っておきたい。私たちは、約束の「法の力」を強くすることだけを考えればいい、というわけではない。どんな約束でも強い「法の力」を持つとしたら、私たちはそうかんたんに約束なんてできなくなる。私たちが望んでいるのは、「法の力」の強い約束と弱い約束をうまく使い分けて、他人との関係をよりよいものにしていくということだね。

もうひとつの民法

　じつは、大事なことはもうひとつある。きみもよく知っているように、子どもたちがする約束は、弱い「法の力」を持つ約束でしかない。
　たとえば、小学生や中学生の子どもたちが、駅前の携帯ショップに行って、スマホを使うための契約をしようとしたとしよう。お店の人はきっと、「お父さんやお母さんといっしょに来てください」と言うだろう。子どもが1人で約束をしても、それは弱い「法の力」しか持たない。あとになって、「やっぱりやめます」と言われたら、約束には「法の力」がなくなってしまう。
　それはなぜなのか。きみは、「夏の法律教室」で、子どもたちにこのことを話したのだろうか。おとなになるというのは、よく考えて判断して、いったん約束をしたら、それを実行する責任を負うということだね。子どもたちにはまだ、そうした判断力が十分ではないし、責任も負えない。だから、お父さんやお母さんが、かわりに契約をするわけだね。

スマホの契約をしたい

お父さんや
お母さんと来てね

なぜ、子どもは
契約できないの？

キミはまだ、判断力が
十分じゃない
だから、約束を守る責任を
負わせるわけにはいかないんだ

　「人格」や「財産」を大切にしあい、「契約」をしたらそれを守る。そういう責任をおたがいに負う。そのためのルールが民法という法律で、民法という法律によって社会は成り立っていると、きみは子どもたちに教えた。それはそのとおりだけど、そういう責任を負うのは、おとなたちだ。

　子どもたちは、そういうおとなになる途中にいる。それでは、子どもたちをそういうおとなにするのはだれか。まずそれは、お父さんやお母さんだ。つぎに、学校や社会。もちろん国にも、やらなければならないことがある。

　私たちはみんな、子どもとして、この社会に生まれてくる。他人に対して、社会に対して、ちゃんと責任を負うことができるおとなになるには時間がかかる。その間、子どもである私たちを育ててくれるのは、お父さんやお母さん、別のことばで言えば「家族」だ。

もちろん、いろいろな事情で親のいない、家族のない子どもたちもいる。それでも、親がいるかぎり、親には子を育てる義務がある。私たちの多くは親に育ててもらってきた。そして、自分がおとなになれば、自分の家族を作って、社会や国に助けられながら、今度は子どもを育てることになる。

　こうして社会は続いていく。よい子どもたちを育てれば、未来の社会はよくなっていくはずだ。民法は、個人と個人がよい社会を創っていくためのルールだ。そこには、おとなたちの契約に関するルールだけではなく、親と子の、家族に関するルールもふくまれている。「人格」を大事にするという気持ちは、まず「家族」のなかでめばえ、育まれる。その意味でも「家族」に関するルールは、もうひとつの民法のルールとして重要な意味をもっている。

　きみはこのことをよく知っているはずだ。来年の「夏の法律教室」では、小学生諸君に、このこともぜひ伝えてほしい。

後日談

解明されたナゾ

「けぐり文庫」の「クリスマス会」が終わってから、2、3日後のことです。

暮れの大掃除を終えたジュリアさんの仕事部屋のドアを、だれかがノックしました。ドアの外に立っていたのは、バルボー。バルボーの妹もいっしょでした。

バルボーは1冊の本を差し出して、ジュリアさんに向かって頭を下げました。そして、「けぐり文庫」の貸出ノートにバルボーの名前を書いて本を借りたのは、バルボーの妹だった、申しわけなかった、とあやまりました。また、バルボーが「また貸し」をした相手は、つまり「けぐり文庫」に本を返しに来たのは、バルボーの弟だということもわかりました。バルボーって、弟もいたんですね。

話し声を聞きつけて、トーマスが2階から降りてきました。ジュリアさんの説明を聞いたトーマスは、けぐり文庫を代表して、バルボーを疑ったことをあやまりました。バルボーと妹は、トーマスに向かって、もういちど頭を下げました。

バルボーが帰ったあとで、トーマスはジュリアさんに、「どうしてバルボーは、いまごろになって、やってきたんだろう」とたずねました。バルボーはこう言っていたそうです。「年末年始にカエル王国に旅行に出かけるので、そのまえに家のなかを片付けていたら、けぐり文庫の本が出てきたんだ」って。

この話を聞いて、トーマスは納得がいきました。バルボー、帰りがけに、「どうだ、うらやましいだろう」と言っていたのですが、とうとう家族でカエル王国に行くことになったんですね。

　そして年が明けて、新年になりました。冬休みも終わり、「けぐり文庫」も今日からまたオープンします。バルボーが両手にたくさんの本を抱えて入ってきました。

　話を聞いてみると、バルボーは、カエル王国でけぐり王子に会ったというのです。バルボーが持ってきた本は、ぜんぶ、カエル王国の本、けぐり王子がバルボーにくれた本だそうです。バルボーは、この本をけぐり文庫に寄付したいといいます。

　この申し出を聞いた3人は、少しのあいだ相談して、おたがいにうなずきあったあと、バルボーに言いました。「バルボーも、けぐり文庫の運営メンバーになってください」と。そして、4人は、けぐり文庫の新しい「約束」について、相談を始めました。

けぐりんからの手紙

　そうそう、バルボーは本といっしょに、けぐり王子の「年賀状」と書かれた手紙を届けてくれたのでした。3人は、「いまごろ年賀状かあ」と思いながら、手紙を開きました。

　手紙には、つぎのように書かれていました。

「けぐり文庫」の諸君へ

　新年おめでとう。

　こう書くと、いまごろ年賀状かあ、と思うだろう。だからキミたちはものを知らない。そう言いたいところだが、まあ、無理もない。じつは、カエル王国のカレンダーは、サル山共和国のカレンダーとは少し違うのだ。このボクの国では、まだお正月は来ていない。だから、「新年おめでとう」は早すぎるくらいなのだ。

　だが、しかたがない。せっかく、バルボー君と知りあったので、彼に、キミたちへの手紙を預けることにした。ちょっと早すぎる新年のあいさつを受けとってくれたまえ。

　バルボー君はいい青年だ。とてもキミたちの友だちとは思えない。なんといっても、カエル王国のことをよく知っている。聞けば、このボクがキミたちに差し上げた本を、キミたちの「けぐり文庫」で読んだという。

　「けぐり文庫」はすばらしい。キミたちはよくやっている。まるで「カエル王国の文化大使」だと言っても言いすぎではない。王様にかわって、ボクがキミたちに礼を言おう。新しい年に「けぐり文庫」がさらに発展することを願う。ついでにと言っては申しわけないが、キミたちも元気に暮らしてくれ。

　聞けば、その後、キミたちは法律の勉強を続けているらしいな。このボクだって勉強しているぞ。その成果をキミたちに見せつけるのが、いまから楽しみだ。

　また、夏に会おう。

けぐりん

おわりに

「なるほどパワー」を競うことで、「ルールの使い方」をマスターしよう。これは、シリーズに共通する目標だ。

ルールを使うとき、キミたちの行動がよいかわるいかは、ルールに従って判断される。だから、ルールにどう書いてあるか。つまり、ルールにはどんなことばが使ってあって、それはどういう意味か。キミたちの行動に、そのルールはあてはまるのか。「ルールのあてはめ」をめぐって、「なるほどパワー」が比べられる。

もちろんときには、このルールは何のためにあるのかが問題になることもある。いいルールだからどんどん使うべきなのか、危険なルールだから慎重に使うべきなのか。そんなときには、「ルールの意義」をめぐって、もうひとつの「なるほどパワー」が競われる。

ところで、「なるほどパワー」は、「ルールを使う」場面だけでなく、「ルールを作る」場面でも活躍する。なぜなら、「理由」を考えて、相手になるほどと思ってもらうことは、どちらの場面でも大事なことだからだ。この本のなかでは、「ルールの作り方」を中心に考えてきたけれども、そのときにもふたつの「なるほどパワー」は、大事な役割をはたした。

でも、いまある「ルールを使う」ときと未来の「ルールを作る」ときとでは、必要になる「なるほどパワー」は、まったく同じというわけじゃない。「ルールを作る」ときには、こんなルールでは困るじゃないか、あんなルールがほしい、そう思いつくことができて、それをみんなに納得させる力が必要だ。これが、第三の「なるほどパワー」だ。

この第三の「なるほどパワー」には、じつは双子のきょうだいがいるんだ。それは「どうしてパワー」。キミたちがルールを作ろうと思いたつのは、この「どうしてパワー」があるからだ。「どうしてパワー」を働かせるには、「このままでいいのか、いけないのか」、立ちどまって、

そう考えられることが大事だ。そのためには、人間や社会や世界について、日ごろから強い関心をもっていることが必要になる。
「どうして」と問い、「なるほど」と思える理由を探す。そしてまた、「どうして」と問い、「なるほど」と思う。そのくり返しで、私たちは進んでいく。だから、考えつづけることはとっても大切なことだ。同時に、いろいろなことに切実な関心をもち、深い知識を獲得することも必要だ。いっしょにがんばろうね。

2015年7月

ダーツン教授こと　大村敦志

　この本ができあがるためには、多くの人たちの支えがあった。
　子どもたちだって、きちんと理由を考えて、その理由のなるほどパワーを比べて、問題を解決するためにいちばんいい方法を見つけていくことができる。そしてまた、自分たちで問題を発見することだってできる――そう信じている人もいっぱいいるんだ。
　それを信じさせてくれたのは、サル山共和国の世界に入ってきて、いっしょに考えてくれた2014年度江戸川区子ども未来館法律ゼミの子どもたちだ。そのみんなと、ゼミに力を貸してくれた多くの人たち、その成果をこんなステキな本にするために尽力してくれた多くの人たち、そして、この世界に誘ってくれた憲法編の著者・西原博史さん、刑法編の著者・仲道祐樹さんに、心からお礼を申し上げます。

「ジュリアさんからの宿題」のヒント

去年の「夏の法律教室」のあとに
ママが出した宿題あったろ？
気になってんだよ

カエル王国で、新しい法律が必要
になるのは、どんなときか？
- それは（　　　　　）のとき
- なぜなら（　　　　）だから

＊55ページにあるよ

あら、あの宿題の紙ね
よくなくさずに
持ってたわねえ

トーマス：なんかさあ、ヒントとかないの？

ジュリア：たしかに、ちょっと難しかったかもしれないわね。じゃあ、順番に考えてみようか。

トーマス：おっ、教えてくれるんだ。ラッキー！

ジュリア：ヒントだけよ。ここには「**カエル王国で、新しい法律が必要になるのは、どんなときか**」と書いてあるけど、これって、「**王様は、ハスの葉以外のものなら、自由な交換を認めているはず。王様が認めているというのは、書かれていなくても、法律と同じこと**」って話の続きだったわよね。

トーマス：う～ん、そんな話だったかなあ。よくわかんないや。

ジュリア：トーマスったら、よくわかんなくて考えてたの？　まず、何が問題かをはっきりさせなくちゃ、その先を考えられないじゃない。

トーマス：そうだけどさ、それがけっこう難しいんですよ、マダ～ム。

ジュリア：けぐりんのまねして、ごまかしてもダメよ。で、この「**自由に交換できる**」というルールを、**法律を作って変えなきゃいけないのは、どんなとき？**

トーマス：あ、その答えを、「それは（　　　）のとき」に書くのか？

たとえば……先生！　ヒントください！

ジュリア：じゃ、ちょっとだけ。王様が自由な交換を認めている<ruby>理由<rt></rt></ruby>はなんだったっけ。

トーマス：いちいち<ruby>許可<rt>きょか</rt></ruby>するのがめんどうだから？

ジュリア：それもあったけど、ほかには？

トーマス：まあ、勝手にやらせておいてもいいんじゃないの、とか。

ジュリア：それ、意外にいい線いってるわよ。自由に<ruby>交換<rt>こうかん</rt></ruby>させても<ruby>困<rt>こま</rt></ruby>ったことにならないときよね。困ったことって、何かな？

トーマス：う〜ん、力の強いやつが弱いやつから無理に取り上げるとか？

ジュリア：そうね。「**それは（力の差がある）とき**」ね。そして、理由は「**なぜなら（無理にとりあげる）から**」ね。カエル王国にも「大ガエル」と「小カエル」がいるらしいから、ありそうな話ね。ほかには？

トーマス：まだあるの？　やっぱ、<ruby>難<rt>むずか</rt></ruby>しいや。

ジュリア：それじゃ、また、ヒント。**カエル王国で、ハスの葉は自由に<ruby>交換<rt>こうかん</rt></ruby>できないのは、なぜかな**。同じように、自由に交換しないほうがいいものって、ないかな？

トーマス：ハスの葉はカエルにとっては大事なものだから……。そうか、大事なものは自由に<ruby>交換<rt>こうかん</rt></ruby>しちゃまずいか。

ジュリア：そうね、「**それは（大事なもの）のとき**」と書いてみようか。で、トーマスの考えている大事なものって？

トーマス：たとえばさ、ぜったい必要な食べ物。サルならバナナとかね。「**なぜなら（みんなに行きわたらないと<ruby>困<rt>こま</rt></ruby>る）から**」。どう、これは？

ジュリア：なかなか、いいわね。わかってきた感じね。

トーマス：**何か理由があって、自由な<ruby>交換<rt>こうかん</rt></ruby>を認めてちゃダメだって、みんなが思うような場合に、新しい<ruby>法律<rt>ほうりつ</rt></ruby>を作ってルールを変えるんだね**。よ〜し、リサやヤスヒコにオレが教えてやろうっと。

ジュリア：トーマスったら、調子がいいのは、あいかわらずね。

自己紹介

大村敦志（おおむら・あつし）

　1958年、千葉県生まれ。東京大学法学部教授。
法律を中心に勉強をする法学部では「民法」を教えている。ほかの学部や大学の外で民法を教えたり、外国の大学で、その国の民法と日本の民法を比較しながら教えることもある。
　「どんな内容の契約でも自由にできる」という考え方を疑うところから、研究を始めた。その結果をまとめて、とても不公平な契約は裁判所も認めないことを示した『公序良俗と契約正義』（1995年、有斐閣）や、民法はよりよい内容の契約を結ぶための手助けをしていることを示した『典型契約と性質決定』（1997年、有斐閣）という本を書いた。
　中高生に向けて「法」や「ルール」について話す『父と娘の法入門』『ルールはなぜあるのだろう』（ともに岩波ジュニア新書）や、一般の読者に「民法を持つこと」の意義を語る『民法改正を考える』（岩波新書）などの著書もある。
　「個人がつくる社会のかたち」として民法を位置づけること、そして、民法の中心に「財産」ではなく「人格」を置くことを目標にしている。

「なるほどパワー」の法律講座

リサとなかまたち、民法に挑む
サル山共和国で考えるルールの作り方

2015年8月25日　初版発行
2021年1月30日　2刷発行

著者	大村敦志
イラスト	山中正大
デザイン	新藤岳史
発行者	北山理子
発行所	株式会社太郎次郎社エディタス
	東京都文京区本郷3-4-3-8F　〒113-0033
	電話 03-3815-0605　fax. 03-3815-0605
	http://www.tarojiro.co.jp/
	電子メール tarojiro@tarojiro.co.jp
印刷・製本	大日本印刷
定価	カバーに表示してあります

ISBN978-4-8118-0770-6　NDC320
©Atsushi Omura, Masahiro Yamanaka 2015

本シリーズは2012年度・2014年度に江戸川区子ども未来館でおこなわれた小学生むけプログラム「社会のしくみを学ぶ──もしきみが裁判官だったら」の内容をもとに書籍化したものです。
講師：西原博史（憲法）、仲道祐樹（刑法）、大村敦志（民法）
企画プロデュース：松井朋子（江戸川区子ども未来館）

シリーズ「なるほどパワー」の法律講座

うさぎのヤスヒコ、憲法と出会う
サル山共和国が守るみんなの権利　　西原博史

「法律で決まってるっていわれても、ボクにはできないことがある」「ひっかきっこ」がもとで、学校をやめさせられそうになるヤスヒコ。掲示板に書いて訴えられそうになるリサ。法律なんかより友だちが大事！　と憤るトーマス……。これってみんな、憲法につながっている。論理の力で「みんなの幸せ」を探せ。

【おもな目次】
- 第1話　ウサギのひっかきっこ①
　　　　──出たな、モンスター「法律」
- 第2話　ウサギのひっかきっこ②
　　　　──「法律で決まってる」で終わりじゃないんだ
- 第3話　サル山掲示板に書かなくっちゃ
　　　　──法が個人を守る、それってどうやって？
-   　　　わかってもらえる「理由」の説明のしかた
　　　　　──なるほどパワー比べ、どうやってやるの
- 第4話　木登りアスレチックをあきらめる？
　　　　──法がめざす「みんなの幸せ」って、なんだろう？

絵＝山中正大
本体2000円＋税

おさるのトーマス、刑法を知る
サル山共和国の事件簿　　仲道祐樹

「なんでオレが怒られるんだ。決まりって、なんなんだ!?」校則の抜け道に挑んだトーマス（失敗）、共犯容疑をかけられるヤスヒコ（どうする？）、あれは正当防衛だったと主張するリサ（どうなる？）……。つぎつぎと起こる事件を解くカギは、ルール（法律）の使い方と、たしかな理由。「なるほどパワー」で罪と罰を考える。

【おもな目次】
- 第1話　走って走ってケガさせて
　　　　──どうして人に罰を与えるんだろう？
- 第2話　ゲーム機をとりもどせ！
　　　　──とちゅうでやめても共犯者なの？
- 第3話　校則に書いてないのに怒られた
　　　　──法律に書いてないけど処罰する、は許される？
- 第4話　あいつが先に手を出したのに！
　　　　──正当防衛のしくみと限界

絵＝山中正大
本体2000円＋税